21世紀漢語言專業規劃教材
專題研究教材系列

漢語語音史教程

（第二版）

唐作藩 著

圖書在版編目(CIP)數據

漢語語音史教程/唐作藩著. —2版. —北京：北京大學出版社，2017.7
(21世紀漢語言專業規劃教材.專題研究教材系列)
ISBN 978-7-301-28079-9

Ⅰ.①漢… Ⅱ.①唐… Ⅲ.①漢語—語音—語言史—高等学校—教材 Ⅳ.①H11-09

中國版本圖書館CIP數據核字(2017)第026400號

書　　　名	漢語語音史教程(第二版)
著作責任者	唐作藩　著
責任編輯	王鐵軍　杜若明　孫嫻
標準書號	ISBN 978-7-301-28079-9
出版發行	北京大學出版社
地　　　址	北京市海淀區成府路205號　100871
網　　　址	http://www.pup.cn　新浪微博:@北京大學出版社
電子信箱	pup_russian@163.com
電　　　話	郵購部 62752015　發行部 62750672　編輯部 62754144
印　刷　者	三河市北燕印裝有限公司
經　銷　者	新華書店
	650毫米×980毫米　16開本　15.25印張　188千字
	2012年5月第1版
	2017年7月第2版　2017年7月第1次印刷
定　　　價	32.00元

未經許可，不得以任何方式複製或抄襲本書之部分或全部内容。
版權所有，侵權必究
舉報電話：010-62752024　電子信箱：fd@pup.pku.edu.cn
圖書如有印裝質量問題，請與出版部聯繫，電話：010-62756370

序

唐作藩先生的《漢語語音史教程》即將出版。這本書是唐先生五十年來教學和科研成果的結晶。在讀到這本書的樣稿時，我不禁回想起了五十年前的往事。

在整整五十年前，1959 年，我是北京大學中文系三年級的學生。那時我們一個年級 80 餘人，都是漢語言文學專業的，到三年級時分爲兩個專門化：語言專門化和文學專門化，通常就叫"語言班"（一個班）和文學班（兩個班）。我是語言班的。在一、二年級未分專門化時，我們一起上一些共同的基礎課。到三年級分專門化以後，我們語言班就開始上一些漢語方面的專業課程，其中一門重頭的專業課是漢語史。這門課上一個學年，第一學期上的是緒論和漢語語音史，第二學期上的是漢語語法史和漢語詞彙史。漢語史一年的課程都是唐作藩先生給我們教的。

那時唐作藩先生很年輕，三十出頭一點。而我們班上有調幹的學生（這個詞兒現在的年輕人可能不熟悉了：是先當了國家幹部，工作了幾年，然後才來上大學的），最年長的一個同學，比唐先生祇小一歲。唐先生一身樸素的穿着，站在講臺上，一點架子也沒有，講課時語調親切，講解明白，讓人感到非常和藹可親。除了上課以外，唐先生在課下還常常到我們學生宿舍來給我們輔導。經過一段時間接觸以後，更覺得唐先生平易近人，對學生循循善誘。這是我們當時對唐先生的印象。畢業以後，同學們分散在各地，各自經歷了人生的曲折道路，數十年後重新聚會，回憶起念書時各位師長的音容笑貌，大家對唐先生的印象還和當年一樣：對學生循循善誘，平易近人，和藹可親。

後來，我們逐漸瞭解到，對唐先生有這個印象的絕不止我們這個班。唐先生自從 1954 年在北大中文系任教以後，差不多每一屆的學生他都教過，對每一屆的學生他都是循循善誘，和藹可親。不但學生在校時如此，就是學生畢業後，他也一直關心學生的成長，在業務上多方加以指導。正因爲如此，很多北大中文系語言班的畢業生一直和唐先生保持密切的聯繫，稱他爲自己的恩師。就是一些不是北大中文系畢業的中青年學者，也感受到唐先生這種長者之風，對他極爲尊敬。所以，在唐先生八十壽辰時，收到了不少賀信賀詞，對他表示祝賀和感激，説的都是肺腑之言。

這也是後來才知道的：漢語史這門課程，開始是王力先生、後來是周祖謨先生教的，正是從 1959 年，從我們這一屆開始，由唐先生接手。我們上課時祇知道用的課本是王力先生的《漢語史稿》，而唐先生爲了讓我們更好地理解，還印發了講義。王力先生的《漢語史稿》博大精深，至今還用作北大中文系和其他一些院校中文系漢語史課程的教材；但我們這班學生讀起來，有些地方還有一些困難，有了唐先生的講義，再加上他深入淺出的講解，理解就容易多了。這一點，我們也是印象很深的。

漢語語音史這門課，我們是從頭到尾上完了的。這話現在聽起來也有些費解：一門課還會祇上一半就停止嗎？可是，在我們上大學的時代，確實有不少課是上了一半就停止了的。因爲那年代運動太多。我們從 1957 年入學，到 1962 年畢業（那時北大的本科文科是五年，理科是六年），在五年中運動幾乎没有停過：開頭是"反右"補課，補劃"右派"，然後是"大躍進"，我們到煤礦去"半工半讀"，到農村去"深翻土地"，再又是"反右傾"，……一遇到這些運動，課就停了；祇有在運動的間歇，才能坐下來安靜地上幾門課，但這樣的機會不多。到62年畢業前，班上做過一個統計，在五年裏，從頭到尾上完的課，總共祇有六七門。漢語語音史就是這少數幾門課中的一門。因爲能安靜地坐下來，大家都覺得這門課很有收穫。不過，一個安靜的學習環境雖然是學好課程的必要條件，但學好課程的主要條件却是老師的講授。唐先生對漢語語音史精湛的見解和深入淺出的講解，是我們有收穫的根本原因。漢語語音史是專業性很強的課，符號多，術語多，容易感到枯燥。但唐先生把科學內容講得深入淺出，極有吸引力，把聽者帶入了探討漢語語音發展歷史及其規律的奇妙境地。漢語語音史成了最受學生歡迎的課程。常常是下課鈴聲響了，大家都不忙於去吃飯，而是相互熱烈討論課堂上的問題，或圍着老師提問。今天回憶起來，很多同學説，漢語史課對我們的影響是終生難忘的。我們當中許多人，對古代漢語和漢語史產生興趣，並最後走上從事這方面專業的道路，與唐先生的課對我們的教育是有很大關係的。我的同班學友王鍈後來成了漢語史研究的知名專家，在談到自己如何取得成就時，他曾經説過："唐先生的課給我們打下了堅實的基礎，很多知識現在還用得上，真是一生受益無窮。"他的話代表了我們共同的心聲。

　　對我們這一屆是如此，對別的各屆也都如此。這樣年復一年地，唐先生對學生都十分認真地進行教學，培養了大批人才。每次講授，唐先生都把自己的研究成果和學術界的最新研究成果加入到講授內容中去，同時又總結上一屆教學的經驗，力求把課講得更加深入淺出，更能爲年輕學生接受。所以，唐先生講授的漢語語音史課程內容在不斷充實和深化，水平在不斷提高。現在我們看到的這本《漢語語音史教程》就是唐先生數十年教學和科研的結晶，是一本高水平的大學教材。

唐先生的一本專著《音韻學教程》已經出版，而且被評爲精品教材；這本《漢語語音史教程》出版後肯定也會得到學術界的高度評價。兩本《教程》，其風格是一樣的：書本不厚，內容不雜，但是有分量，有深度。特別是作者不炫博，不逞奇，祇是平平實實地把問題講明白，使這些歷來被認爲枯燥、繁難的內容能夠比較容易地讓讀者接受，這更是我們在上學時所感受到的唐先生的教學風格。文如其人。唐先生的爲人也是這樣：高雅、淵博、樸實、平易。唐先生的學問是我們所敬仰的，唐先生的爲人更是我們應該學習的。

作爲唐先生的一個老學生，在唐先生的《漢語語音史教程》即將出版的時候，想起了這些往事，就把它寫下來，用以表達對先生的教導的感激之情。我想，上面所説的不止是我一個人的感受，而應該是曾經親聆先生教誨的學生所共同的吧。

蔣紹愚

2009 年 4 月

目　錄

第一章　緒　論 …………………………………………………………… 1
　　第一節　漢語語音史的對象與任務 ………………………………… 1
　　第二節　漢語語音史的根據 ………………………………………… 6
　　第三節　漢語語音史的研究方法 …………………………………… 11
　　第四節　漢語語音史的分期 ………………………………………… 13
　　練習一 ………………………………………………………………… 18

第二章　上古漢語語音系統 ……………………………………………… 19
　　第一節　上古聲母系統 ……………………………………………… 19
　　練習二 ………………………………………………………………… 39
　　第二節　上古韻部系統 ……………………………………………… 40
　　第三節　上古韻部的擬測 …………………………………………… 69
　　第四節　上古漢語的聲調 …………………………………………… 83
　　練習三 ………………………………………………………………… 90

第三章　從上古到中古漢語語音系統的發展 …………………………… 92
　　第一節　《切韻》音系與中古漢語語音系統 ……………………… 92
　　第二節　中古聲母系統的發展 ……………………………………… 101
　　練習四 ………………………………………………………………… 117
　　第三節　中古韻部系統的發展 ……………………………………… 119
　　第四節　中古聲調系統的演變 ……………………………………… 140
　　練習五 ………………………………………………………………… 144

第四章　從中古到近古漢語語音系統的發展 …………………… 146
　　第一節　《中原音韻》與近古漢語語音系統 ………………… 146
　　第二節　近古聲母系統的發展 ………………………………… 161
　　第三節　近古韻部系統的發展 ………………………………… 171
　　第四節　近古聲調系統的演變 ………………………………… 187
　　練習六 …………………………………………………………… 196

第五章　從近古到現代漢語語音系統的發展 …………………… 197
　　第一節　《重訂司馬溫公等韻圖經》與現代漢語語音系統 … 197
　　第二節　由近古到現代漢語語音系統的演變 ………………… 207
　　第三節　漢語語音系統發展的特點及其基本趨勢 …………… 222
　　練習七 …………………………………………………………… 229

第二版後記 ……………………………………………………………… 230

第一章 緒 論

第一節 漢語語音史的對象與任務

　　漢語語音史屬於漢語史的一部分。人類每一種語言都包括語音、詞彙、語法三部分，漢語也不例外。但語言是個整體，它作爲符號系統、交際工具、信息的載體，對使用這種語言的民族、人群，發揮着整體的作用。它在使用中又不斷發展變化，形成自己的歷史。

　　漢語有悠久的歷史。根據考古發現的大量材料，我們知道，早在一百多萬年以前中國這塊土地上就有了人類。1965 年在雲南元謀縣發現兩顆古人類牙齒化石，考古學者認定爲直立人元謀亞種，俗稱"元謀人"，生存於距今 170 萬年前，屬更新世早期，可能是生活在中國大地上的最早的居民。早在 1921—1929 年間在北京市房山區周口店龍骨山洞穴中發現的"北京猿人"，距今亦有五六十萬年，屬更新世中期。據研究，"北京猿人"的大腦發達程度表明他們已經有了語言，勞動有了分工，並有現代蒙古人的特點，是蒙古人種的祖先，而中國人是其嫡系後裔。此外在中國北方和南方還發現有"藍田人"（陝西，115 萬至 65 萬年前）；"馬壩人"（廣東，20 萬年前）；"河套人"（內蒙古）、"長陽人"（湖北）、"丁村人"（山西）（以上，10—15 萬年前）；"許家窰人"（山西）、"柳江人"（廣西）、"山頂洞人"（北京房山）、"左鎮人"（臺灣）、"資陽人"（四川)和"新洞人"(北京周口店)(以上生活時間約在1萬年至10萬年前)等。同時,黃河流域更發現有"裴李崗"(河南新鄭)、"磁山"(河北武安)、"大汶口"(山東)、"龍山"(山東歷城)、"仰韶"(河南澠池)、"半坡"(陝西)等地新石器時代中晚期的文化,距今六七千年前;南方亦有相當的"河姆渡文化"(浙江餘姚)。這些都表明以華夏——漢族爲主的中華民族的祖先早已生息在這塊土地上。自然,漢語也當早已存在,雖然"漢語"這個名稱起源較晚。唐蘭先生曾據20世紀70年代初山東大汶口出土的陶器上的圖畫文字推斷,漢字在六千年前就產生了。他認爲"中國有六千多年的文明史"[1]。這是有道理的。文字的產生是比較晚的。但從語言學的角度看,唐蘭先生所據的大汶口出土的圖畫文字僅有幾個,如 ⚲(禾)、⚲(斤)、⚲(戉)、⚲(炅),尚不成詞句。此類圖畫文字或曲綫符號,80年代初以來在河南、陝西、甘肅等地也有所發現,但也衹是單個的字,都未成詞語、句子。

真正能反映早期漢語面貌的材料,還衹有19世紀末20世紀初在河南安陽殷墟出土的甲骨文字,約當公元前16世紀至公元前11世紀。殷墟甲骨是一種比較系統、比較完整的古文字。已出土的上十萬字的龜甲獸骨材料,共約有三千餘字。經過古文字學家考釋,已釋讀的衹有一千幾百個。雖然如此,但它確實反映了三千多年前的漢語的基本面貌,即殷商時代漢語的基本詞彙和語法結構。至於它的語音系統則仍然不甚清楚,因爲甲骨文中沒有韻文材料,形聲字也不多,約占百分之三十。另有些通假字。有學者曾據此探討"商代音系"。如趙誠先生據"登从豆聲,鳳从風聲"等,推測商代音"清濁不分";又據"室从至聲,涖从位聲",及"錫作易、位作立"等,斷定商代"陰入不分";又據"(删)从册

"丙用作匹"等，得出商代"陰陽不分"的結論，進而認爲商代音系無入聲韻，無四聲之別，陽聲韻僅爲元音鼻化[2]。這些推斷缺乏有力的論證，難以令人置信。管燮初先生和郭錫良先生比較謹慎些，他們分別就甲骨文的形聲字與通假字，或在比較可信的周代音系的框架上，考察了已識的的千餘個甲骨文字的分布特點，初步得出了殷商時代十九個聲母和二十九個韻部的結論[3]。這與周代音系即上古音系相去無幾，值得進一步研究。

作爲大學漢語專業本科的專業基礎課教材，本"漢語語音史教程"主要從周代《詩經》音即上古音講起。因爲這時的《詩經》所反映的語音情況是比較可靠的。《詩經》音約當於公元前 11—前 6 世紀。同時期還有其他豐富的韻文材料和大量的形聲字、異文等可相印證。傳統的和現代的有關研究成果也比較多。

從《詩經》時代到現代也有了將近三千年的歷史，漢語語音系統已經發生了很大的變化。這從《詩經》用韻和形聲字的讀音可以看得很清楚。例如《詩經·王風·君子于役》一章：

君子于役，不知其<u>期</u>。曷至<u>哉</u>？鷄棲于<u>塒</u>。日之夕矣，羊牛下<u>來</u>。君子于役，如之何勿<u>思</u>！

韻脚"期、哉、塒、來、思"，不僅現代讀音的韻母不同，而且在《廣韻》裹已屬於不同的韻："期、塒、思"屬之韻，"哉、來"屬咍韻。而在此章詩裏既然相押，就說明在《詩經》時代它們的讀音是相近的，其主元音和韻尾相同，即應同屬一個韻部（之部）。

又如形聲字"江"從工聲，"義"從我聲，"暉"從軍聲，"風"從凡聲，"代"從弋聲，"路"從各聲，"割"從害聲等。從現代漢字的讀音來看，形聲字與它的聲符相去甚遠，但在諧聲時代，即造字時代，它們彼此間的聲母、韻母應是相同或很相近的。

我們要瞭解漢語語音在三千年來的過程中發生了哪些變化，經歷了什麼樣的道路，新的讀音是怎樣產生的，古代的或舊的讀音又是怎樣演變、消失的，現代漢語的語音系統又是怎樣形成的，就必須對漢語語音的整個歷史發展過程進行研究。"漢語語音史"的對象與任務就是要研究三千年來漢語語音在歷代的發展、變化的情況，探討它的演變歷史，尋求它的發展規律，探索現代漢語語音系統的歷史來源。

歷史的研究是非常重要的，因爲歷史就是經驗，總結以往的經驗，揭示歷史發展的客觀規律，這對解決、處理現實問題有很大的啓迪，對預測未來的發展有指導作用。所以列寧說，爲了解決社會科學問題，爲了獲得處理問題的本領，"最可靠、最必需、最重要的就是不要忘記基本的歷史聯繫。"[4]。語言歷史的研究也不例外。研究漢語語音史的實踐意義就是：

一、可以更深入地瞭解現代漢語的語音系統，更透徹地認識它的結構規律，從而更好地進行當前的語文建設（主要是搞好漢語規範化工作），以提高語文教育水平。

二、可以爲調查和研究現代漢語方言（包括世界各地華人的方言）、尋求方言與普通話之間的對應關係提供歷史依據，更有效地推廣普通話；另一方面，漢語方音史的研究也是漢語語音史研究的一部分。

三、可以通訓詁、文字之學，提高古代漢語的水平和閱讀古書的能力，以繼承與發揚中華民族豐富的、優秀的傳統文化遺產。

四、有助於漢藏系語言的比較研究。漢語和漢藏系其他語言的關係不似印歐語系內部那樣密切與明顯，歷史淵源比較久遠，必須對古代漢語特別是它的語音系統在歷史上的各個時期的變化有全面、深入的研究，才能進行有效的比較，得出可信的結論，從而可以豐富或改進普通語言學理論和歷史比較語言學方法。

注釋

［1］唐蘭《中國有六千多年的文明史》，《大公報在港復刊三十周年紀念文集》上卷，香港大公報，1978年。

［2］趙誠《商代音系探索》，《音韻學研究》第1輯，中華書局，1984年。

［3］管燮初《從甲骨文的諧聲字看殷商語言聲類》，《古文字研究》第21輯，中華書局，2001年；郭錫良《殷商時代音系初探》，《北京大學學報》1988年第6期，又《西周金文音系初探》，《國學研究》第2卷，北京大學出版社，1994年。

［4］《列寧全集》第29卷450頁，人民出版社，1956年。

主要參考文獻

王力《漢語史稿》（上、中、下合訂本）第一章"緒論"，中華書局，2004年；又《王力文集》第九卷，山東教育出版社，1988年。

第二節　漢語語音史的根據

　　漢字自甲骨文至現代的簡化字都不是拼音文字，古代漢族人民口語的實際讀音在書面上没有記録下來。這使我們研究漢語語音史産生了很大的困難。但是，中國是個文明古國，歷代保存下來極其豐富的、極其珍貴的文獻材料，爲我們研究漢語語音史提供了重要的根據。歸納起來，有以下幾大類：

　　一、歷代的韻文。包括詩詞歌賦與散文中的韻語。後者如《老子》《莊子》及《荀子》的"賦篇"等。一般來説，歷代韻文的作者都是按照當時的口語來押韻的。例如先秦的《詩經》《楚辭》、漢代的賦、兩漢魏晉南北朝的樂府、唐代的詩歌（包括古風和律詩）、宋詞、元曲等的用韻都是比較接近口語的。宋元以後的律詩雖然比較保守，遵循傳統的"平水韻"，但是也有一些詩人並不受格律的限制，其作品也有能反映實際語音的，例如蘇軾的詩[1]。

　　二、韻書、韻圖。韻書産生於東漢末年新的注音法"反切"出現之後。最初的一部韻書是三國時代魏李登的《聲類》，其次是晉代吕静的《韻集》，南北朝"音韻蜂出"，但都已亡佚、失傳。現存最早的韻書是隋代陸法言的《切韻》，現在也祇是流傳一些唐寫本殘卷。唐孫愐的《唐韻》也是如此。唯唐代王仁煦的《刊謬補缺切韻》比較完整。宋陳彭年等《大宋重修廣韻》最爲完整，也流傳最廣。以上《切韻》系韻書是研究中古音的重要依據。宋代還有一部丁度、宋祁、鄭戩等編的《集韻》，收字空前，超過《廣韻》收字數的一倍，有五萬餘字，異讀也最多。它的分韻雖然同《廣韻》，爲二百零六韻，但其聲韻系統則有異於《切韻》系韻書。

其後金代韓道昭的《五音集韻》，元代黃公紹、熊忠的《古今韻會舉要》，周德清的《中原音韻》，卓從之《中州樂府音韻類編》及朱宗文增訂的《蒙古字韻》（原作者佚名），明代樂韶鳳、宋濂等的《洪武正韻》，朱權的《瓊林雅韻》，蘭茂的《韻略易通》，畢拱辰的《韻略匯通》，清代李汝珍的《李氏音鑒》以及英國人威妥瑪的《語言自邇集》，馬禮遜的《五車韻府》等，都在不同程度上，直接或間接地記錄了當時的實際語音，是研究漢語語音史的重要根據。

韻圖產生於唐代[2]，現存較早的是宋本無名氏的《韻鏡》、鄭樵的《七音略》、司馬光的《切韻指掌圖》、邵雍的《皇極經世聲音唱和圖》以及無名氏的《四聲等子》。元代有劉鑒的《經史正音切韻指南》，明代則有桑紹良的《青郊雜著》、徐孝的《重訂司馬溫公等韻圖經》、無名氏的《韻法直圖》、呂坤的《交泰韻》以及意大利人金尼閣的《西儒耳目資》等，清代有樊騰鳳的《五方元音》、趙紹箕的《拙菴韻悟》、阿摩利諦的《大藏字母切韻要法》（即《康熙字典》卷首所附《字母切韻要法》）、裕恩的《音韻逢源》、華長卿的《韻籟》等。其中《韻鏡》《七音略》主要是分析《切韻》音系的[3]，而《切韻指掌圖》以下諸韻圖則是研究近代漢語語音史的重要的參考資料。

三、形聲字及古籍（包括出土文獻）中的聲訓、通假、異文和注音（包括反切、讀若、直音等）。這些主要是研究上古音的根據，自明末清初以來已有多位學者進行了搜集、整理和運用，取得了不少成果。本書第二章第一節將做具體介紹。

四、對音材料。可分爲兩類：一是用漢語言文字記錄或音譯非漢語的詞語，二是用非漢語的文字拼讀或記錄漢語的詞語。前者如漢末以來翻譯印度佛經的漢梵對音，後者如藏漢對音、日漢對音（包括吳音、漢音、唐音、宋音）、漢越音、元蒙八思巴字漢語對音、明代朝鮮諺文漢語對音、明清時期用羅馬字母記錄的漢字讀音以及滿漢對音等。當然，這種對音會受到歷史的、地域的條件制約，特別是要受到對音的兩個民族語言的不同語音體系的制約，有一定的局限性，但事實證明，對音材料也能在很大程度上反映兩種語言的相關的音值。這特別是對我們認識和研究使用非拼音的漢字的古代讀音和該對音時代的漢語語音系統是很有參考價值的。自 20 世紀 20 年代初以來，對音材料的研究與利用已愈來愈受到重視。

　　五、現代漢語方音。方言是歷史形成的，是古語的活化石。漢語方言非常豐富、複雜，一般分爲七個大區，即官話方言（包括北方官話、下江官話和西南官話）、吳方言、閩方言（包括閩南話和閩北話）、湘方言、贛方言、客家方言和粵方言。現代方音的差別及方音中的文白異讀常常反映了歷代語音的特點及層次，即保存了古代的讀音。例如輕唇音"非敷奉"在閩方言中不讀［f］，而讀［p］或［h］，這是上古無"輕唇音"的反映。又如閩方言（如福州、廈門）和贛方言（如江西臨川）裏，舌上音"知徹澄"，仍讀同"端透定"，證實了上古無舌上音。又如宋元以前中古漢語裏有收雙唇鼻音韻尾［-m］（如"心、談、咸"等字）和收塞音韻尾［-p］［-t］［-k］（如"十""一""六"）的事實也都能在粵方言裏得到印證。

　　六、漢藏系語言。漢語是漢藏語系（Sino-Tibetan）中最大的一種語言，烏茲別克斯坦、吉爾吉斯斯坦、哈薩克斯坦境內的東干語是漢語西北方言的變體；其他有藏緬語族、苗瑤語族、侗臺語族[4]。有些學者提出一些不同意見，認爲苗瑤語族和侗臺語族不屬於漢藏語系，而屬於澳泰語系（Austro-Thai）。或者還將南島語族也歸於漢藏語系。我們同意上述的我國語言學家的一般觀點。漢藏語系有如下一些共同的特點：1. 除少數語言與方言外都有聲調；2.音節可以分析爲聲母、韻母、聲調三部分，其組合有一定的結構規律；3. 韻母又可分爲韻頭、韻腹、韻尾，而韻腹(主要元音)是不可缺少的,韻尾的輔音主要有鼻音[-m][-n][-ŋ]，與塞音[-p][-t][-k][-ʔ]，一般是唯閉音；4. 詞序和虛詞是表示語法意義的主要手段，實詞一般無形態變化，形容詞和動詞的性質相近，都可以重疊，可合稱爲謂詞；5. 有豐富的量詞；6. 語素以單音節爲主，四音節的詞語發達；7. 語族之間有許多同源詞；8. 語音發展趨勢是簡化，如複輔音演變爲單輔音，全濁音清化，塞音韻尾逐漸合併或脫落。詞彙的演變趨勢是多音節詞特別是雙音節詞不斷增加。這些共同點表明它們之間有親屬關係。因此，漢藏系語言的歷史比較研究及其成果對漢語語音史，特別是上古音的研究有可能使我們獲得重要的論據，因而愈來愈受到重視。

注釋

［1］ 參看唐作藩《蘇軾詩韻考》，載《王力先生紀念論文集》，商務印書館，1990年。

［2］ 參見潘文國的《韻圖考》，華東師範大學出版社，1997年。

［3］ 分析《切韻》音系的還有清代江永的《四聲切韻表》和陳澧的《切韻考》。

［4］ 參看羅常培、傅懋勣《國內少數民族語言文字的概況》，中華書局，1954年；李方桂《中國的語言和方言》，梁敏譯，載《民族譯叢》1980年第1期。

主要參考文獻

王力《漢語史稿》（重排本）第一章"緒論"，中華書局，2004年。

王力《漢語語音史》"導論"和第一、二、三章，商務印書館，2008年。

孫宏開、胡增益、黄行《中國的語言》，商務印書館，2007年。

第三節　漢語語音史的研究方法

　　漢語語音史是漢語史的一部分。漢語史屬於歷史學科。作爲歷史學科都有其共同的研究方法。我以爲至少有兩點是共同的：一、要有歷史發展的觀點。因爲客觀事物（包括語言）都不是靜止的，而是不斷發展的；同時，各種事物在歷史演變中又有不同的背景、不同的性質、不同的規律，祇有樹立明確的歷史發展的觀點，才能有意識地去考察事物的不同時期的形態表現，才能發現或揭示它們的内部演變規律。二、要充分占有材料。任何結論都應該是在分析研究大量的歷史事實的基礎上歸納出來的，而絕不是先有觀點、想法，然後去找材料印證。同時，我們強調要充分掌握第一手材料，尤其注意不濫用材料。我們還要注意辨別材料的真僞，要確認歷史文獻所反映的實際時代。其次我們還要分清材料的主次，區別一般與特殊、偶然與必然，正確處理好觀點和材料的關係，注意將各種資料聯繫起來研究，以從紛繁的材料中分析歸納出科學的結論來。

　　作爲語言科學，漢語語音史又有其特殊的研究方法。如我們在《音韻學教程》裏曾介紹過的語音結構分析法、反切系聯法、數理統計法、等韻審音法、歷史比較法、對音互證法、内部擬測法，我們在研究漢語語音史的時候也都用得上。其中系聯法和統計法，不僅用在反切的研究上，而且可以用在韻文韻腳的歸納、諧聲系統的分析以及聲訓、異文、通假字的收集、考證上。歷史比較法是19世紀西歐學者研究親屬關係比較密切的印歐語系而提出來的，用於其他語系特別是親屬關係比較鬆散的漢藏語系，有一定的局限性，但仍不失爲一種科學方法，在語音史研究上亦經常被運用。有的學者針對歷史比較法的不足，提出"詞彙擴散理論"[1]，這對研究語音演變的例外現象或不平衡性也是有一定作用的。此外，構擬上古音，還要用到一種内部擬測法[2]。這種方法實際上屬於歷史比較法的範疇。還有，現代一些音韻學者在研究《四聲通解》《洪武正韻》《李氏音鑒》等近代音韻文獻時發現其中往往包含不止一個層次的音系而創造的剥離法。

以上各種研究方法我們將在下面各章節中討論各個時期的語音系統及其發展變化時再做具體介紹。

注釋

［1］ 王士元《語言的演變》，《語言學論叢》第十一輯，商務印書館，1983 年。
［2］ 葉蜚聲、徐通鏘《内部擬測方法和漢語上古音系的研究》，《語文研究》1981 年第 1 期。

主要參考文獻

徐通鏘《歷史語言學》，商務印書館，1991 年。

楊耐思《音韻學的研究方法》，《語文導報》1987 年第 3、4 期。

耿振生《音韻學研究方法導論》，北京大學出版社，2016 年。

第四節　漢語語音史的分期

在歷史科學中，分期是十分重要的一個問題。分期的目的和作用就是使歷史發展的綫索更分明，使歷史上每個大的關鍵更突出、更爲顯著，從而能讓學習歷史的人更深刻地認識客觀歷史的面貌。漢語語音史屬於歷史科學的範疇，所以研究漢語語音史也不能不討論它的分期問題。

歷史的分期很重要，同時也是很困難的。例如關於中國通史的分期，許多學者研究了多年，關於中國封建社會是從何時開始的問題，至今尚未取得一致的意見。

本來分期是客觀事物發展過程中的階段性的反映。這就是説，事物發展的階段性本是客觀存在的。客觀事物的發展既然有其階段性，那麽研究客觀事物就必須進行分期。分期的問題正確解決了，才能真實地反映客觀事物的發展過程及其演變規律。

問題的困難性就在於我們往往還不能全面、深入地認識客觀事物的發展過程及其規律，沒有充分掌握客觀事物發展的階段性。這對漢語語音史甚至整個漢語歷史的研究來説更是如此。但是我們也不能等到把漢語史（包括漢語語音史）的發展過程及其規律完全弄清楚之後才去討論漢語史的分期問題。這也不利於我們的研究。我們將根據現有的研究成果提出一個初步的關於漢語語音史亦即漢語史的分期意見。

研究語言史分期的困難性還有一個根據和標準的問題。過去有種種不同的主張。現在國内最有影響的有兩家：一家是王力先生，他在《漢語史稿》（上冊）提出，應以語法作爲語言史分期的主要根據。他説："因爲語法結構和基本詞彙是語言的基礎，而語法結構比基本詞彙變化得更慢。如果語法結構發生了顯著的變化，就可以證明語言的質變了。語音和語法有密切關係（在西洋傳統的語法裏，語法是包括語音的），都是整個系統，所以語音的演變也可以作爲分期的標準。"[1]另一家是呂叔湘先生，他主張以文體的轉變爲漢語史分期的標準。他說："秦漢以前書面語和口語的距離估計不至於太大，但漢魏以後逐漸形成一種相當固定的書面語，即後來所說的'文言'。雖然在某些類型的文章中會出現少量口語成分，但是以口語爲主體的'白話'篇章，如敦煌文獻和禪宗語錄，却要到晚唐五代才開始，並且一直要到不久之前才取代'文言'的書面漢語地位。根據這個情況，以晚唐五代爲界，把漢語的歷史分成古代漢語和近代漢語兩個大的階段是比較合適的。至於現代漢語，那祇是近代漢語的一個分期，不能跟古代漢語和近代漢語鼎足三分。"[2]

我們不同意以文體的轉變作爲漢語史分期的標準，正如王力先生指出："文體的轉變不等於全民語言的轉變。這上頭不表現語言從舊質到新質的過渡。"[3]我們也不同意僅以語法結構作爲語言史分期的唯一標準。我們認爲語言是個整體，在發展中，雖然詞彙變化最快，處在經常變動之中，但其基本詞彙比較穩固。印歐語言有形態變化，它的語音和語法的關係密切難分，而漢語的語音系統有相對的獨立性，發展變化也比較慢。所以，研究語言的分期必須考察語言內部諸要素，即語音、語法和詞彙三部分。這三部分各有其系統性，而又共同組成語言這一統一體。這三部分的發展雖然是不平衡的，都各有新質要素的產生和舊質要素的衰亡問題，但是它們又是互相聯繫、互相制約的；某一組成部分的系統發生了變化，就必然會引起另兩個組成部分的變化，並有可能破壞各個組成部分的舊的統一而達到新的統一。因此，我們研究漢語史的分期時，既不能祇看其中一個組成部分而放棄另兩部分,也不能在其中分別主次,而應該把三部分當作一個統一的整體,即必須把語音、語法、詞彙三部分結合起來進行考察,祇要發現三部分的變化涉及到系統性的變化,而不是個別的、局部的、量的變化,就可以劃分爲一個新的時期。

原則與標準定下來了,但要對漢語發展史做出具體的分期還有很多困難,因爲漢語的發展變化表現得比較複雜,關於怎樣才算是系統性的變化也會有不同的看法。同時我們對漢語的歷史也還研究得不夠系統、全面、深入。爲了教學的方便,我們現在初步將漢語發展的過程分爲五個大的時期:

一、殷商時代爲遠古時期(公元前 20 世紀至公元前 12 世紀)。這時期的漢語雖然還比較簡略,但從甲骨文所反映的情況來看,它已經完全擺脫了原始狀態,發展到了一定的水平。詞彙以單音節爲主,但已經相當豐富,實詞、虛詞都比較完備,既有表具體概念的,也有表抽象概念的。語法結構亦較爲完整,各類詞和各種句子成分、各種句型基本具備。這些都爲漢語的發展奠定了初步的基礎。但由於文體的局限與資料的不足,這個時期的語音系統,還無法從甲骨文的材料中瞭解到全面、準確的情況。

二、周秦兩漢爲上古時期(公元前 11 世紀至公元 2 世紀)。這個時期隨着社會生產力的巨大發展,漢語也發生了飛速的變化。漢族人民有了全民的共同語(先秦叫"雅言",漢代稱"通語"或"凡語")。這時期漢語詞彙大大豐富了,特別是先秦諸子中反映的表示抽象概念的語詞大量產生。語音系統比較繁複。語法結構也有了很大的改進與充實,爲漢語進一步發展奠定了更堅實的基礎。

三、魏晋南北朝至隋唐爲中古時期（公元 3 世紀至公元 9 世紀）。魏晋南北朝中國社會處於動蕩和分裂狀態，階級矛盾和民族矛盾尖鋭，戰爭頻繁，北方的人民羣衆大規模地往南方遷移；漢族人民一方面和國内兄弟民族發生大融合，一方面又與國外一些國家、民族如印度、日本等有較多的文化交流。這就促進了漢語的發展，加速了漢語内部的演變。唐代是中國歷史上一個統一、繁榮的時期，封建的政治、經濟、文化都有很大的發展，南北各地人民的交往日益頻繁，中外有更多的溝通，這都對漢語的發展產生影響。這個時期漢語的語音系統起了巨大的變化；詞義的引申和詞性的分化顯著，産生了許多新詞（包括單音詞和複音詞），同時也吸收了不少外來詞；還有一些新的詞頭、詞尾和新的句法形式出現了。各方面都顯示出漢語已經進入了一個新的歷史階段。

四、從唐末至清代爲近古時期（公元 10 世紀至公元 19 世紀），一般稱作"近代漢語時期"。唐末五代又是一個社會分裂的局面，漢民族與國内兄弟民族又經過一次大融合。宋王朝建立後，加強中央集權，商業經濟空前繁榮，文化發展迅速。但是北宋和南宋一直與遼、金對峙，北方漢族又一次大批南遷。這些都對漢語的發展産生了巨大影響。後來經歷了元代劇烈的社會變動，明朝統一了中國。由於農業經濟得到恢復，手工業和商業又有新的發展，資本主義開始萌芽。到清代，一方面漢族與國内兄弟民族再一次發生大融合，一方面隨着歐洲資本主義的侵入，西方文化也傳播進來了。在這種社會條件下，漢語的語音、詞彙、語法又有了很大的發展，出現了所謂"官話"。值得注意的是，遼、金以後，元、明、清各代都定都北京，北京成爲全國政治、文化中心，北京話逐漸成爲全民族共同語的基礎。這時期漢民族共同語的語音系統趨向簡化，雙音詞大量產生，新興的語法現象得到進一步發展，而一些舊的語法形式和規則則在口語裏逐漸被淘汰。漢語的發展進入了一個新的更高的階段，爲現代普通話奠定了鞏固的歷史基礎。

五、20 世紀爲現代漢語。這個時期是由清末經過中華民國到中華人民共和國，中國社會由長期的、封閉的封建制變爲半封建、半殖民地，到走向開放的現代化。19 世紀末現代漢語語音系統已經形成；一百餘年來新詞、新語不斷湧現，還吸收了許多外語借詞（主要是歐美的），語法結構也有很大的變化，即主要表現爲句法的複雜化和多樣化。各地方言加速向民族共同語靠攏，特別是 20 世紀後半葉，在全國範圍內大力推廣普通話，積極推行漢語拼音方案和漢語規範化工作。這對漢民族共同語的純潔而健康的發展有着重大意義。

以上是我們關於漢語史分期的初步意見，祇是粗綫條的。要細分起來，上古、中古和近古都還可以各分爲兩個階段。我們將在下面有關章節中講到。

最後還需要強調的是，語言的發展是通過新質要素的逐漸積累和舊質要素的逐漸衰亡這一手段來實現的，又是不間斷的。所以，語言史的分期總是相對的，很難確定分期的具體年限。我們對漢語史的分期問題，也應持這種看法。

注釋

［1］ 王力《漢語史稿》（上册），科學出版社，1957 年第一版，34 頁；又合訂本《漢語史稿》（重排本），中華書局，2004 年，40 頁。

［2］ 呂叔湘《近代漢語指代詞》"序"，學林出版社，1985 年。

［3］ 王力《漢語史稿》（重排本），42 頁。

主要參考文獻

錢玄同《文字學音篇》第一章（2）"古今字音之變遷"，北京大學出版部，1918年。

魏建功《古音系研究》"一、古音系的分期"，中華書局，2004年。

王力《漢語史稿》（重排本）第一章"緒論"第六節"漢語史的分期"，中華書局，2004年。

練習一

一、漢語史這門學科的性質是什麼？爲什麼要研究漢語史？

二、研究漢語史的主要根據是什麼？這些根據對建立漢語史有什麼作用？

三、研究漢語史的方法和一般社會科學的研究方法有什麼不同？

四、研究漢語史爲什麼要分期？談談你對漢語史分期的意見。

五、談談你對學習漢語史的理解與要求。

第二章　上古漢語語音系統

第一節　上古聲母系統

漢語史的分期從遠古時期開始，而我們的漢語語音史課衹始於上古時期，其原由已在"緒論"裏談過了。本章討論上古漢語語音系統。第一節講上古漢語的聲母系統。下面分三個問題來談。

一、前人對上古聲母的研究

前人對上古聲母的研究開始得比較晚。過去人們缺乏歷史觀點，不瞭解古音不同於今音。直到明代，陳第等人才察覺到古韻和今韻有所不同，但仍然不理解聲母也有古今的差別。清代早期有成就的古音學家江永（1681—1762）就錯誤地認爲"三十六字母"適用於古今，"不可增減，不可移易"。他還曾舉例説："案重唇、輕唇之音，方俗呼之易混。'逢蒙'一人，而《莊子》作'蓬蒙'，《藝文志》與王褒《頌》作'逢門'，《七略》與《龜策傳》作'蠭門'，終不知何者爲正。又反切家於重唇、輕唇字有隔類切之法，則尤易混。今'逢蒙'定讀爲薄工切，猶'馮婦'定讀爲房戎切，從其相傳已久者也。"[1] 又説："陳氏謂'田音陳，古田、陳音通，故陳氏之後改姓爲田。'愚謂田，舌頭音；陳，舌上音。陳改田者，舌上改舌頭，非即同音也。"[2] 可見，江永在古聲母問題上還相當糊塗，不清楚古無輕唇音，古無舌上音。直到十八世紀中葉，歷史學家兼古音學家錢大昕（1728—1804）才開始對上古聲母進行科學的研究。他撰寫了兩篇文章，即《古無輕唇音》與《舌音類隔之説不可信》[3]，提出兩個著名的結論。這就是：（一）"凡輕唇之音，古讀皆爲重唇"；（二）"古無舌頭、舌上之分，知徹澄三母，以今音讀之，與照穿床無別也；求之古音，則與端透定無異。"錢氏用的是考據方法，其主要根據有：

　　1. 異文。這是指一個字或詞在古代經籍中的不同寫法。例如《詩經·邶風·谷風》："凡民有喪，匍匐救之。"其中"匍匐"，《禮記·檀弓》引作"扶服"，《孔子家語》又引作"扶伏"；而《史記·淮陰侯列傳》"俛出胯下蒲伏"，又作"蒲伏"，又《史記·蘇秦列傳》"嫂委蛇蒲服"，則作"蒲服"。這些都是"匍匐"的異文[4]。異文的產生可能是由於古代在口授、傳抄過程中未依原文寫下來，而用了一個同音字替代。這也就是古人寫了別字。這種異文，現代的讀音往往不同，但在上古應當是同音或讀音很接近的。如"匍匐"本是個雙聲聯綿詞，既可寫作"扶服""扶伏""蒲伏""蒲服"等，表明"扶""服""伏""匐"與"蒲""匍"等字的聲母本相同（都屬重唇並母）。又如《尚書·禹貢》"大野既豬"的"既豬"[5]，《史記》引作"既都"。都，端母；豬，知母。這是證明上古舌頭、舌上不分的異文。

　　2. 古書注音。這主要指漢代人注釋先秦典籍以及《説文》中用的讀如、讀若、直音和反切等。如錢大昕文章中的引例："方，讀如謗"；"衝，讀若動"；"無，音毛"；"毒，音督"；"蟲，音徒冬反"；"襮，方遙反；襆，方沃反"。又如許慎《説文》："娓，順也，从女尾聲，讀若媚。"再如《尚書大傳》"播國率相行事"，鄭玄注："播讀如藩。"這些例證或輕、重唇音互注，或舌頭、舌上音互注。

3. 聲訓。這是以音同或音近的字訓釋另一字的意義。即以音爲訓，説明這兩字（詞）同源。如："方，表也"，"邊，方也"，又如："法，逼也"，"負，背也"，"望，茫也"，"冬，終也"，"田，陳也"。東漢劉熙的《釋名》幾乎都是以聲爲訓的。劉安的《淮南子》、班固的《白虎通》也都有不少聲訓材料。從釋義上看，其中有許多主觀臆測、荒唐可笑的東西。例如《釋名》："棟，中也，屬屋之中也。"（釋宮室）"捧，逢也，兩手相逢以執之也。"（釋姿容）"手，須也，事業之所須也。"（釋形體）"發，拔也，拔擢而出之也。"（同上）"頭，獨也，于體高而獨也。"（同上）"食，殖也，所以自生殖也。"（釋飲食）但這些材料對考證上古音頗有參考價值。

4. 形聲字。又叫諧聲字。它是由形符（或稱"意符"）和聲符兩部分組成。例如從"分"聲的，有"份、芬、紛、粉、忿、吩、汾、氛、玢、酚、棻、魵、盆、坌、扮"等，它們在造字時代的讀音應當是相同或很相近的。又如從"畐"聲的，有"匐、副、富、幅、福、輻、蝠、菖、偪、堛、愊、湢、逼"等；從"文"聲的，有"蚊、紋、汶、紊、雯、玟、閔、憫"等；從"冬"聲的，有"咚、氡、終、螽、佟"等；從"台"得聲的，有"治、冶、抬、胎、苔、珆、跆、邰、駘、枱、詒、殆、紿、鲐"等。前人早已利用形聲字以考證上古韻部（見下章），錢大昕是第一位用形聲字來考證上古聲母的。

錢大昕主要運用上述四種豐富的材料，進行考證，認定輕唇音"非敷奉微"是後起的，古代亦讀重唇"幫滂並明"；舌上音"知徹澄娘"古代仍讀舌頭"端透定泥"。這兩個結論是可信的。特别值得肯定的是，錢氏還開始利用古今方言和對音材料來進行論證。例如他在《古無輕唇音》一文中"古讀無如模"一條裏說:"《曲禮》'毋不敬',《釋文》云:'古文言毋,猶今人言莫也。'"他說:"釋氏書多用'南無'字[6],讀如'曩謨',梵書入中國,繹譯多在東晉時,音猶近古。沙門守其舊音不改,所謂禮失而求諸野也。"又說:"無又轉如毛。《後漢書·馮衍傳》:'飢者毛食。'注云:'按《衍集》,毛字作無。'《後漢書·功臣侯表序》:'靡有孑遺,耗矣。'注:'孟康曰:耗音毛。師古曰,今俗語猶謂無爲耗。'大昕按,今江西、湖南方音讀無如冒,即毛之去聲。"他還說:"古音'晚'重唇,今吳音猶然。"這些材料更有說服力。因爲如果沒有活的方言爲依據並以對音材料做旁證,而祇有用漢字記下來的書面材料,那祇能得出古代輕重唇不分和舌頭舌上不分的結論,很難確定古無輕唇音、舌上音,還是古無重唇音、舌頭音。20世紀30年代符定一曾著《古有舌上音說》和《古有輕唇音說》[7],要與錢大昕唱反調。他根據的也是異文、古讀、聲訓等書面材料。但真理祇有一個。錢大昕爲什麼是正確的?因爲他的結論符合客觀事實,而且他還有活的方言與可靠的對音材料做依據。

我們現在還可以從語言發生學來論證輕唇音晚於或來源於重唇音。人類語言發展的痕迹反映在兒童學話過程中,嬰兒總是先學會 b、p、m、d、t、n 等塞音,後學會 f、v、s、z 等擦音[8]。現代還有一些民族語言祇有雙唇音,而無唇齒音。例如藏語、景頗語、土家語、以及新疆境內的突厥語族語言(維吾爾語、哈薩克語、柯爾克孜語、塔塔爾語、烏兹別克語等)都沒有唇齒音。有的後來出現了 f、v,但僅用於漢語借詞或外語借詞,而且口語裏念這些借詞時往往仍將 f 讀作 p,將 v 讀作 b 或 w。

繼錢大昕之後,研究上古聲母的學者有錢坫(1744—1806)、李元

（？—1816）、夏燮（1800—1875）[9]和鄒漢勳（1806—1854）等[10]。其中鄒漢勳著《五均論·廿聲四十論》，首次提出一個古聲二十紐系統，即：

第一紐	匣喻		第十一紐	泥娘日
第二紐	見		第十二紐	精菑
第三紐	溪群		第十三紐	清初
第四紐	影		第十四紐	心山
第五紐	曉（半）審		第十五紐	並奉
第六紐	定澄船禪		第十六紐	滂敷
第七紐	透徹穿		第十七紐	明微
第八紐	來		第十八紐	幫非
第九紐	端知照		第十九紐	邪曉（半）
第十紐	從崇		第二十紐	疑

鄒氏這古聲二十紐系統顯然吸取了錢氏的研究成果，也有他自己的創見，如以"崇菑初山"併入"從精清心"，以"娘日"併入"泥"。後來章炳麟（1869—1936）作《古音娘日二紐歸泥說》[11]，進一步論證了後一個問題。但章氏所著《二十一古紐表》却將"精清從心邪"併入"照穿床審禪"，乃是一種退步[12]。章氏的大弟子、傳統音韻學集大成者黃侃（1886—1935）訂正了章氏的不足，提出《古本聲十九紐》。這就是[13]：

深喉音　影（喻為）
淺喉音　見　溪（群）　曉　匣　疑
舌　音　端（知照）　透（徹穿審）　定（澄神禪）　來　泥（娘日）

齒　音　精（莊）清（初）從（床）心（疏邪）
脣　音　幫（非）滂（敷）並（奉）明（微）

　　此古聲十九紐雖然還存在一些問題，但從傳統音韻學的觀點來看，還是比較科學的，所以一直爲章黃學派所推崇。與黃侃同時或稍後，用傳統的方法以考證上古聲母的，還有錢玄同（1887—1939）著《古音無邪紐證》，曾運乾（1884—1945）作《喻母古讀考》，葛毅卿作《喻三入匣再證》，周祖謨（1915—1995）作《審母古讀考》《禪母古讀考》等，都是用傳統的方法對上古個別聲母做了一些考證，提出一些問題。其中曾運乾提出的"喻三歸匣""喻四歸定"的結論已爲大多數學者所接受[14]。但是，傳統的古音研究有個共同的不足，那就是不講語音變化的條件，祇根據異文、古讀等材料考察三十六字母之間是否相通，凡相通者就加以合併，不注意研究它們爲什麼到後代分化爲不同的聲母。

　　20 世紀初葉以來國內外一些現代音韻學家運用普通語言學理論和歷史比較語言學等新的方法，在研究上古韻部系統的同時，也着手研究與構擬上古的聲母系統。他們的一般做法就是在構擬中古音的基礎上，結合古代文獻材料和前人的研究成果對上古聲母體系進行了推論，並構擬其大概的音值。這方面的研究比較早、而且影響較大的是瑞典漢學家高本漢（B. Karlgren, 1889—1978）。他早期研究上古音的代表作是《中日漢字分析字典》(*Analytic Dictionary of Chinese and Sino-Japanese*, 1923)[15]，後來著《中上古漢語音韻綱要》(*Compendium of phonetics in Ancient and Archaic Chinese*)[16]對其學說進行了修訂，提出上古漢語 33 個單輔音聲母（另有 19 個複輔音聲母，下面再討論）。這就是：

p	p'	(b)	(b')	m		
t	t'	d	d'	n		l
ts	ts'	dz	dz'		s	z
(tʂ)	(tʂ')		(dʐ')		(ʂ)	
(ț)	(ț')	(ḍ)	(ḍ')	(ṇ)	(ɕ)	
k	k'	g	g'	ŋ	x	ʔ

其中括號內的 14 個聲母祇出現在有介音 j 的三等韻之前。它的突出特點是全濁聲母也有送氣和不送氣兩套。

高本漢提出的這套上古聲母系統引起了國內外學者的關注和爭論。例如董同龢（1911—1963）著《上古音韻表稿》（1944）提出上古有 36 個聲母；周法高（1915—1994）著《論上古音》（1969）認為上古祇有 25 個聲母；李方桂（1902—1987）著《上古音研究》（1971，1980）主張上古有 31 個聲母；陸志韋（1894—1970）著《古音說略》（1947，1985）則提出上古 22 聲母與若干複輔音說；蘇聯漢學家雅洪托夫（S.E.Yakhontov, 1926—　）著《古代漢語》（1965，1986）又提出上古有 28 個單聲母的見解[17]。王力先生（1900—1986）則主張上古有 33 個聲母（見《漢語語音史》，1985）。他們的研究方法基本相同，就是在各自認同的中古聲母系統的基礎上，主要利用諧聲字（同時也參考異文、聲訓等材料），進行分析歸納。形聲字非一時一地所造，諧聲系統很複雜。自高本漢起，通過研究就開始提出一些諧聲條例或原則，後來董同龢、陸志韋、李方桂等又陸續加以補訂。例如李方桂先生在其《上古音研究》中擬訂的兩條重要的諧聲原則[18]：

（一）上古發音部位相同的塞音可以互諧。

1. 舌根塞音可以互諧，也有與喉音（影及曉）互諧的例子，不常與鼻音（疑）諧。
2. 舌尖塞音互諧，不常與鼻音（泥）諧；也不跟舌尖的塞擦音或擦音相諧。
3. 唇塞音互諧，不常跟鼻音（明）相諧。

（二）上古的舌尖塞擦音或擦音互諧，不跟舌尖塞音相諧。

下面是李方桂先生提出的上古聲母系統表：

	塞音			鼻音		通音	
	清	次清	濁	清	濁	清	濁
唇音	p	ph	b	hm	m		
舌尖音	t	th	d	hn	n	hl	l, r
舌尖塞擦音	ts	tsh	dz			s	
舌根音及喉音	k	kh	g	hng	ng		
	·					h	
圓唇舌根音及喉音	kw	khw	gw	hngw	ngw		
	·w					hw	

李先生這個上古聲母體系在國際上有較大的影響。但他自己也承認：他所總結的諧聲原則仍有例外。

下面我們着重介紹王力先生的主張。

二、上古三十三聲母

王力先生的上古三十三個聲母系統也是在前人研究的基礎上提出來的。這就是：

喉音：影 Φ

牙音：見 k　　溪 kʻ　　群 g　　疑 ŋ　　　　曉 x　　匣(喻三) ɣ

舌音：端 t　　透 tʻ　　定 d　　泥 n　　來 l

　　　章 tɕ　昌 tɕʻ　船 dʑ　日 ȵ　喻四 j　書 ɕ　禪 ʑ

齒音：莊 tʃ　初 tʃʻ　崇 dʒ　　　　　　　　生 ʃ　俟 ʒ

　　　精 ts　清 tsʻ　從 dz　　　　　　　　心 s　邪 z

唇音：幫 p　　滂 p　　並 b　　明 m

這套 33 聲母體系也並不是沒有問題的。下面我們談談它的特點和問題。

（一）上古全濁聲母送氣還是不送氣。高本漢將其中古及上古漢語的全濁塞音與塞擦音聲母即並、定、群、從、崇、澄、船等都構擬爲送氣的 [bʻ] [dʻ] [gʻ] [dzʻ] [dẓʻ] [ḍʻ]。王力先生認爲，從音位學觀點來看，漢語的全濁音送氣與否可以互換音位，即可送氣可不送氣。今北京話於這些古全濁聲母，清音化後平聲送氣，仄聲不送氣，而入聲字轉入平聲也不送氣；廣州話今讀也是平聲送氣，上、去、入聲不送氣；長沙話則平仄一律不送氣，而客家話與贛方言相反，一律送氣；吳方言則是一般送氣、不送氣可互換音位。請看下面例字：

	北京	長沙	梅州	南昌	蘇州
平	pʻiŋ	pin	pʻin	pʻin（文）	bin
病	piŋ	pin	pʻiaŋ	pʻiaŋ（白）	bin

古漢語全濁音也是如吳方言一樣[18]。這個問題還有不同看法。我們同意陸志韋等先生的意見[19]，即古全濁聲母都是不送氣的。諧聲、異文材料也可以證明。例如：

盤从般聲。盤，並母，般，幫母。全濁並母字與不送氣的幫母字相諧。又《墨子》"公輸盤"，《史記》作"公輸般"，《漢書》作"班輸"。

鈍、頓均从屯聲。鈍，定母，頓，端母，而屯亦定母。全濁定母字與不送氣的端母字相諧。又《史記·屈賈列傳》"莫邪爲頓兮鉛刀爲銛"，《索隱》："頓，鈍也。"《文選·吊屈原賦》作"鈍"。

慈从茲聲。慈，從母，茲，精母。全濁從母字與不送氣的精母字相諧。又《春秋》"公孫茲"，《公羊》作"公孫慈"。

基从其聲。基，見母，其，群母。全濁群母字與不送氣的見母字相諧。……[20]

（二）關於唇音。上古祇有重唇"幫滂並明"，沒有輕唇"非敷奉微"。這是可以肯定的。現代學者沒有什麼不同意見。董同龢先生根據諧聲字"悔从每聲""墨从黑聲""昏（昏）从民聲"等，認爲上古應該有個聲母 [m̥]（次濁 [m] 的清音）（現代湘西苗語也有這種清鼻輔音）。但高本漢據同樣材料則構擬爲複輔音 [mx]，而李方桂先生則擬爲 [hm]。我們比較同意李先生的意見[21]。

（三）關於古無舌上音，即知、徹、澄、娘讀如端、透、定、泥。

這亦已成定論。例如:《禮記·檀弓下》:"與其鄰重汪踦往,皆死焉。"鄭玄注:"重皆當爲童。"即澄母讀同定母[d]。李方桂先生把知組與端組分別擬作 tr- 和 t- 兩類聲母。-r- 是個介音(後來演變爲捲舌音的條件)。將二等聲母擬爲一個帶[-l]的複輔音是俄羅斯學者雅洪托夫首先提出來的,後來改訂爲[-r][22]。李先生則把它改造爲介音[-r-]。

(四)關於精組的歸類與構擬,爭論不多。章太炎將精組併入照組,沒有人贊同。錢玄同將邪母併入定母,理由也不充分。邪母的來源與現代讀音都比較複雜。例如"者"聲有"緒",也有"堵""屠""著"、"暑";邪母字在現代普通話裏有讀[s]的,如"似、巳、祀、寺、飼、嗣、俗、鬆、誦、頌",有讀[ɕ]的,如"邪、斜、徐、續、夕、席、習、襲、祥、詳、象、旬、循、巡、涎、旋",有讀[tsʻ]的,如"詞、辭、祠",有讀[tɕʻ]的,如"囚、泅"。高本漢認爲邪母在上古是個不送氣的[dz],與其送氣的從母[dzʻ]相配。其實邪母與喻四母也發生關係,如似从以聲,徐从余聲,祥从羊聲;又"邪"字在《廣韻》裏有"似嗟切"與"以遮切"兩讀。所以李方桂先生認爲邪母在上古是個 r-,到中古分化爲二:

r——ji(喻四); r+j——zj(邪母)

王力先生則認爲上古的邪母與中古一樣是個濁擦音[z]。

(五)關於正齒音二等聲母莊、初、崇、生。黃侃把它們併入上古精組,是有道理的。從諧聲來看,有捉(莊)从足(精)聲,創(初)从倉(清)聲,崇从宗(精)聲,莘(生)从辛(心)聲。從異文看,如《左傳·定公七年》經云:"齊侯、衛侯盟于沙。"傳云:"盟于瑣。"沙,生母，瑣，心母。又雙聲聯綿字有"蕭瑟""蕭疏""瀟灑"等。都可以證明上古莊、精兩組相通。但從語音變化的條件考慮，由於照組二等與精組都可以和三等韻相拼合，條件相同，後代不可能有不同的變化，即不會演變爲不同的聲母。所以現代學者大都將上古照組二等獨立爲一類聲母。高本漢把上古莊、初、崇、生擬爲捲舌音 [tʂ][tʂʻ][dʐʻ][ʂ]。但漢語的捲舌聲母不可能出現得那麼早。李方桂則擬爲 [tsr][tsʻr][dzr][sr]。其-r-是後代演變爲捲舌音的條件。王力先生接受陸志韋先生等的意見，把它們擬爲舌葉音 [tʃ][tʃʻ][dʒ][ʃ] [23]。

至於濁擦音俟母 [ʒ]，則是王力先生接受李榮先生研究《切韻》音系的意見而增補的，然後又上推到上古音[24]。

（六）關於正齒音三等聲母章、昌、船、書、禪。錢大昕在《舌音類隔之説不可信》中説："古人多舌音，後代多變爲齒音，不獨知徹澄三母爲然也。"他的意思是説，照組字在古代也有許多讀舌音的。他舉的例證有"古讀舟如雕""讀專如耑""讀支如鞮"等。這話是有道理的，但衹限於照組三等（其所舉例證主要是照母三等字），而與照組二等無關。而且如果認爲這些照組三等字在上古完全與知組一樣讀同端組，那也難以解釋照三組與知組到後來爲何有不同的變化。衹能説它們在上古的讀音比較相近。高本漢把照三組前四母（章、昌、船、書）擬作 [ȶ][ȶʻ][ȡ][ɕ]，是合理的。但他把禪母擬爲 [ȡ]，而與船母相配，則有些勉强。禪母的現代讀音比較複雜，擦音和塞擦音都有。在整個聲母系統裏既與清擦音審母相配，所以王力先生等就把它擬爲 [ʑ]。

照組三等字在諧聲系統中還表現出更爲複雜的情況。一方面既有雕（端母）從周（章）聲、召（澄）從刀（端）聲、昭（章）從召（澄）

聲，與舌音發生關係；另一方面還有箴（章）從咸（匣）聲、感（見）亦從咸聲，詣（疑）從旨（章）聲、稽（見）亦從旨聲，以及歧（群）從支（章）聲、郝（曉）從赤（昌）聲等，而與見系發生關係。董同龢先生據此認爲照組三等在上古當分爲兩套聲母，即一套舌面塞音、塞擦音 [ȶ] [ȶʻ] [ɖ] [ɕ] [z]；一套舌根音 [c] [cʻ] [ɟ] [ç] [j] [25]。如此，上古舌根音也有兩套聲母。董氏還以他與張琨先生曾共同調查過的一種亦具有兩套舌根音的苗語爲證。這不無道理。但我們沒有採用是想在本科生的基礎課上不要把問題弄得太複雜了。

（七）關於日母的問題。章太炎著《古音娘日二紐歸泥說》。舌上音之娘歸舌頭音之泥，錢大昕已證明在前。日母與泥母的關係也確乎比較密切。如倪（泥）從兒（日）聲、汝（日）從女（娘）聲、仍（日）從乃（泥）聲。但不能認爲它們在上古完全同音，因爲不符合語音分化必有不同條件的原則。王力先生同意高本漢的意見，即將日母構擬爲 [ȵ]，與照組部位相同。董同龢先生也將日母分爲兩套：[ȵ] 與 [ɲ] [26]。

（八）關於喻母。章太炎及黃侃把喻母併入影母是沒有根據的。曾運乾著《喻母古讀考》將喻母三等歸入匣母，喻母四等則歸入定母，這是比較合乎事實的。《廣韻》反切上字喻母就分爲云、以兩類。漢越語喻三、喻四讀音不同。如：云讀 vân [vən]，餘讀 dû [zu]。中古云母即喻母三等與匣母一二四等互補。上古"喻三歸匣"亦毫無問題。如魂從云聲、域從或聲、緩從爰聲；"有，或也"。"喻四歸定"證據也不少。如：《詩經·小雅·節南山》"憂心如惔"，《經典釋文》："惔，徒藍反，又音炎，韓詩作炎。"又《釋名·釋親屬》："妻之姊妹曰姨。姨，弟也。"《說文》"鵝"的重文作䳘。又如代從弋聲、怡從台聲、台從以聲、迪從由聲等。

但喻四與澄母都可以出現在三等韻之前，如果澄母歸定，喻四也歸定，那麼就得承認在上古"容、重"同音，"餘、除"同音，"移、池"同音，"延、纏"同音，"寅、陳"同音，"揚、腸"同音。那就無法說明它們後來爲何分化爲不同的讀音。高本漢把喻四構擬爲 [d] [z] 兩類聲母。[d] 是個不送氣的濁塞音，而與其構擬的定母 [dʻ] 相配。這是有道理的。至於 [z]，是由於高氏看到，喻四母字"羊、耶、曳、以、酉"等與齒頭音邪、精等聲母字"祥、邪、洩、似、酒"等發生關係。這不一定可靠，因爲"羊"還與"姜"諧，"以"還可與"台"諧，"酉"還可與"酒"諧，等等。可見分爲兩類也解決不了問題。在這點上董同龢也不同意高氏的意見。

過去一般都贊同高氏把喻四擬爲 [dʻ]。問題是高本漢在其構擬的上古音體系中，全濁送氣與不送氣音相配都是一套一套成系統的，既有 [d] 与 [dʻ]，還有 [dz] 與 [dzʻ]、[dʐ] 與 [dʐʻ]、[g] 與 [gʻ]（可惜没有 [b] 與 [bʻ]）。如果我們不贊成高氏在其他部位的全濁音分送氣與不送氣兩類，而同意其舌尖音的全濁音分兩類，那是講不過去的，也是不合理的。現在我們把全濁塞音、塞擦音（包括定母）都擬爲不送氣的，那麼喻四更不好辦了。因此王力先生晚年在見到李方桂先生把喻四的上古音擬爲某種 [r] 而受到啓發，就把它改擬爲舌面邊音 [ʎ]，與上古的章 [ȶ]、昌 [ȶʻ]、船 [ȡ] 的發音部位相同。

最後談談上古有無複輔音聲母的問題。現代漢語的聲母都是單輔音的，即由單一音素充當聲母（另有所謂零聲母），普通話與各地方音皆如此。某些方言裏的塞音聲母前帶某種弱鼻音如"聞"念 [mbun] 或 [mbung]，也被看作單聲母。複輔音聲母是由兩個或兩個以上的輔音構成的。如英語的 climb [klaim] (爬、攀登)、 string [striŋ] (綫、弦)，貢山獨龍語的 [spla] (粘住)，峨口羌語的 [ɕtɕyə(s)] (鼻子)。古代漢語特別是上古漢語是否有複輔音聲母，19 世紀末英國漢學家艾約瑟（Edkins. Joseph）就提出來了。國內外學者贊同的比較多，如高本漢、林語堂、魏建功、董同龢、陸志韋、李方桂、嚴學宭、周法高、包擬古、蒲立本、白保羅等；明確表示反對的有唐蘭、劉又辛等先生。王力先生持謹慎態度，是懷疑派。近些年來出版的古音學專著或發表的有關論文大都主張上古漢語或遠古漢語存在複輔音聲母[27]。本人也是個贊成者[28]。

我們主張上古或遠古漢語有複輔音聲母的主要根據是：

1. 形聲字。李方桂先生提出的有關形聲字相諧的兩條原則衹是就單輔音聲母而言的。因爲還有不少本來發音部位不同、甚至很遠的形聲字也發生相諧的關係。例如：洛從各聲、涼從京聲、莒從呂聲、泣從立聲、龐從龍聲、數從婁聲、懍從稟聲、埋從里聲、墨從黑聲、絮從如聲、儒從需聲、難從暵省聲、社從土聲、松從公聲等等。這說明，諧聲字是歷史形成的，自成系統而又是有層次的：主諧字產生被諧字，被諧字又可做主諧字產生新的被諧字；一字還可以諧多字。例如：

刀——召——昭——照； 各——洛、略、格、客……。

這種發音部位較遠的諧聲完全可以理解爲相諧兩字的聲母原是一種複輔音，後來分化、演變爲單輔音聲母。例如：

洛 [kl-] → [l-]　　　各 [kl-] → [k-]

从这种谐声关系来看，远古汉语里很可能存在 kl-、k'l-、bl-、sl-、tl-、ml-、st-、sk-、sn-、nd-等等复辅音。

2. 同源字。如"升"与"登"，"命"与"令"，"首"与"头"，"醜"与"羞"，"缶"与"陶"，"墨"与"黑"，"立"与"位"，"事""史"与"吏"等等（参见王力《同源字典》）。这类彼此意义相近的同源字，其中古以后的声母发音部位都相距较远，它们在分化之前有可能是具有复辅音的。

3. 经传中的异文、异读。异文大都是单音节的，如甲骨文就有"落"可作"各"，"各日"即"落日"，k-与 l-异文；又"麦"作"来"，m-与 l-异文。《说文》"桏（梠）从木从目（以），又从里（作柅）"，唐写本残卷又作"杞"。也有单音节与双音节同义即同指一事物的，如"不律为笔""突栾为团""蒺藜为茨""孟浪为莽"。《仪礼·大射仪》："秦狸首"，郑注："狸之言不来也。"一字异读的例子如："鬲"既念古核切 [ke]，又念郎擊切 [li]；"谷"既读古禄切 [ku]，又读馀蜀切 [y]。《诗经·小雅·车攻》"四牡龐龐"，《释文》："龐，鹿同反；徐（爰）扶公反。"《集韵》："龐，卢东切，又皮红切。"

4. 汉藏语系中其他许多语言具有复辅音。特别是大家公认的与汉语同源的藏缅语族中，三十多种语言或方言不仅有复辅音，而且有的多达 200 个以上的复辅音。如羌语有声母 95 个，其中单辅音 45 个，而复辅音则有 50 个。又嘉戎语有声母 236 个，其中单辅音 34 个，其馀都是复辅音声母，如 pts-、mp-、st-、lp-、mpr-、skr-、pst-，等等。[29] 同语系的其他语族（如苗瑶、侗台）中也有些语言有带复辅音的词语，如湘西苗语的 plu（屋子），海南黎语的 plung（家），广西武鸣壮语的 glop（斗笠）。同語系族中的語言之間必有一些同源詞。彼此間有的不是複輔音，有的則是複輔音。如漢語"風"，雲南彝語說 brum，與上古漢語"風"（屬幫母侵部合口三等）的擬音 pǐwêm 很近似。又如"肥"，壯語、布衣語、傣語、水語均說 pi，而侗語則說 pli[30]。

5. 外語中的漢語借詞讀音。宋朝出使朝鮮的官員孫穆著有一本《雞林類事》，用漢字記錄了不少當地的語詞，如"風曰孛纜，筆曰皮盧，粟曰菩薩，女兒曰寶姐……"。其中有的是漢語借詞，比如"孛纜"，現代朝鮮語念 palam，就可能反映了上古漢語的讀音。現代朝鮮（韓）語中關於"風"字的讀音有兩個（意義略有不同），即：p'ung 與 palam。他們祇承認 p'ung 是漢語借詞，而認爲 palam 是個固有詞。中華書局的鄭仁甲編審曾著文《朝鮮語中固有詞中的"漢源詞"試探》，其中就論證了 palam 也是借自漢語的。他認爲 p'ung，借自六朝以後，而 palam 則借自上古漢語。而且他認爲上古漢語本有複輔音聲母，朝鮮語屬阿爾泰語系，古無複輔音，又有一條元音和諧律，即兩個輔音之間必須有一個元音。古漢語的單音節 pliwem 演變成朝鮮語的雙音節 palam。上世紀 80 年代初北大東語系研究生尚玉河同志的論文《"風曰孛纜"和上古漢語複輔音聲母的存在》也持這種意見[31]。

6. 現代漢語各地方言裏尚未發現有複輔音聲母，但在晋冀豫三省交界處如河北邢台七里河南岸大賈鄉一帶方音裏有一種嵌入音，即將單音節詞念成雙音節或於單音節中間嵌入一個常用的音構成嵌音詞。前者如：

埂 keŋ → kəleŋ   殼 k'ə → k'əlou

棒 paŋ → palaŋ　　攪 tɕiau → tɕəlau

擺 pai → pəlai　　箍 ku → kulu

狡 tɕiau → kəliau　　懞 məŋ → mələŋ

後者如：

拔 paʔ → pəlaʔ　　絆 pan → pəlan

拖 tə → t'ələ　　吊 tiau → təliau

杆 kan → kəlan　　孔 k'uŋ → k'uəluŋ

其實今北京話裏也有類似現象，如：

角 → 旮旯	孔 → 窟窿	瓠 → 葫蘆
疤 → 疤瘌	扒 → 扒拉	劃 → 劃拉
晃 → 豁亮	精 → 機靈	渾 → 囫圇

這些當然不是複輔音，但與古代漢語中"不律爲筆"之類也有相似之處。確有一定的啓示性。

總之，上古或周秦以前漢語裏有複輔音聲母是可以肯定的。但具體有哪些，有多少，它們又是什麼時候、怎樣演變爲單輔音聲母的，還都有待進一步研究。

注釋

［1］江永《古韻標準》，中華書局 1982 年單行本，15 頁 "逢" 字下注文。

［2］同上，25 頁 "田" 字下注文。

［3］見錢大昕《十駕齋養新錄》卷五。

［4］《集韻·模韻》"蒲，蓬逋切"小韻收 "匍" 字下注云："《説文》'手行也'，或作'扶'"。

［5］ 孔安國傳："大野，澤名；水所停曰豬"。"豬"，後又作"瀦"。

［6］ "南無"，梵文 namas，鞠躬致敬的意思。

［7］ 見符定一《聯綿字典》"聲紐表"（三）（四），中華書局 1954 年，71—109 頁。

［8］ 參看美國雅可布遜（R.Jakobson）《爲什麽叫"媽媽"和"爸爸"》，譯文載《語言學動態》1978 年第 4 期。

［9］ 錢坫，錢大昕之侄，著《詩音表》，有"古聲和諧説"；李元，湖北京山人，著《音切譜》，有"古聲互通説"；夏燮，安徽當塗人，著《述均》，有"古聲合用説"。

［10］ 鄒漢勳，湖南新化人，曾著有《五均論》《説文諧聲譜》《廣韻表》《五音表》。後三種已佚，僅存《五均論》一部分。

［11］ 見《國故論衡》上。

［12］ 章炳麟《二十一古紐目表》如下（録自《國故論衡》上）：

唇音：幫（非）滂（敷）並（奉）明（微）

舌音：端（知）透（徹）定（澄）泥（娘日）來

齒音：照（精）穿（清）床（從）審（心）禪（邪）

牙音：見 溪 群 疑

喉音：影 匣 曉（喻）

［13］ 録自錢玄同《文字學音篇》。

［14］ 曾運乾《喻母古讀考》，《東北大學季刊》第二期，1927 年。

［15］ 參看趙元任先生《高本漢的諧聲説》，載清華大學研究院國學門《國學論叢》第一卷第二期，1927 年。

［16］ 聶鴻音譯，齊魯書社，1987 年。

［17］ 雅洪托夫《上古漢語》；國外在這方面有研究的還有加拿大蒲立本（E.G.Pulleyblank）、美國白一平（William H. Baxter.III）等人。

［18］［21］李方桂《上古音研究》，商務印書館，1980年。

［19］［23］陸志韋《古音説略》，《燕京學報》專號之20，1947年。

［20］［24］王力《漢語史稿》第二章第十節"上古的語音系統"，中華書局，2004年。又《漢語語音史》卷上第一章，商務印書館，2008年。

［22］雅洪托夫《上古漢語的起首輔音 L 和 R》，收入唐作藩、胡雙寶編選的雅洪托夫《漢語史論集》，北京大學出版社1986年。

［25］［26］董同龢《上古音韻表稿》，《史語所集刊》第十八本，1948年。

［27］趙秉璇、竺家寧主編《古漢語複聲母論文集》，北京語言文化大學出版社，1998年。

［28］唐作藩《從同源字窺測上古漢語的複輔音聲母》，《中國語言學報》第7期，1995年。

［29］孫宏開《藏緬語複輔音研究》，第十七屆國際漢藏語言學會議論文，1984年。

［30］陳其光《苗瑶語前綴》，《民族語文》1993年第1期。羅安源《貴州松桃苗話的冠詞》，《民族語文》1980年第4期。又曹翠雲《苗語黔東方言的系詞》，《民族語文》1980年第5期。

［31］尚玉河《"風曰孛纜"和上古漢語輔音的存在》，《語言學論叢》第八輯，1981年；鄭仁甲《朝鮮語固有詞中的"漢源詞"試探》，《語言學論叢》第十輯，1983年。

主要參考文獻

李葆嘉《清代上古聲紐研究史論》，五南圖書出版公司，1996年。

李方桂《上古音研究》"上古聲母"，商務印書館，1980年。

王　力《漢語史稿》第二章第十一節"上古的語音系統"，中華書局，2004年。《漢語語音史》卷上第一章，商務印書館，2008年。

趙秉璇、竺家寧主編《古漢語複聲母論文集》，北京語言文化大學出版社，1998年。

練習二

一、從上古聲母系統的角度標點、分析、解釋下列三段材料：

1. 古讀封如邦論語且在邦域之中矣釋文邦或作封而謀動干戈於邦內釋文鄭本作封內釋名邦封也有功於是故封之也

2. 古讀沈如潭史記陳涉世家夥頤涉之爲王沈沈者應劭曰沈沈宮室深邃之貌沈音長含切與潭同

3. 考工記玉梱雕矢磬注故書雕或爲舟是舟爲雕音詩何以舟之傳云舟帶也古讀舟如雕故與帶聲相近彫雕琱鵰皆从周聲調亦从周聲是古讀周亦如雕也

二、照錄上古三十三個聲母，各舉 5 至 8 個例字。

三、查出下列字的《廣韻》反切，並注出它們的中古與上古的聲母及其擬音：

　　1. 學然後知不足　　　　2. 生命在於運動

四、依照主諧與被諧的關係，整理分析下列諧聲字群，並注出其上古和現代普通話的讀音：

1. 不坏痞㕻邳吥胚杯鈈怀伓坏妚伓抔炋狉秠肧芣蚍豾釸娝鮍駓髬吥柸桮罘苤倍㕻㚰

2. 域或惑掝諴嚖國哉蜮幗幗摑瀻簂膕魊薁蟈膱悈絾棫淢珸稢緎閾罭彧

3. 代弋忒拭弒袋玳貸栻忲試岱貳黛垈侙㭉蚑軾鉽魥騹弍杙芅釴戠黙

第二節　上古韻部系統

本節分三個問題來講。

一、考證上古韻部的根據與方法

前人關於古音學的成就主要在古韻方面。古音學家考證古韻的主要根據是先秦的詩歌韻語與形聲字。先秦詩歌又主要是《詩經》用韻，同時參考《楚辭》及周秦其他典籍如《老子》《易經》《左傳》《國語》《禮記》《荀子》《韓非子》《呂氏春秋》等書中的韻語。從詩歌韻文用韻研究古韻，衹能歸納出一個個大類來，所以上古韻的分類習慣上稱作"韻部"。韻部的概念比韻母和韻要大。

古音學家是怎樣根據《詩經》等用韻歸納出一個古韻部系統來的呢？

首先我們要從語言學的角度對《詩經》的性質加以認定。《詩經》是我國最早的一部詩歌集，包括民歌和貴族的詩篇，共計305首。其中除《周頌》的時代較早外，其餘多半是西周末葉到東周中葉的作品。內容十分豐富，特別是民歌部分。這是我們今天研究近三千年前周代漢語的很珍貴而又相當完整的材料。當然《詩經》採自當時全國各地，正如明代古音學家陳第所指出的，"采之非一國，作之非一人"[1]。如《國風》的民歌采自十五國[2]，而當時方言也是確實存在的，猶如後代一樣，各地民歌難免帶一些方音色彩。這表現在少數特殊的用韻上。顧炎武已看到這一點，他說："古詩中間有一二與正音不合者，此或出於方音之不同"[3]。當時的諸侯國雖然都是周天子所封，但從權勢上難以實際控制，衹是名義上仍服從於周天子的統治；而且十五國大都在黃河流域，方音的差別可能是不大的。加以當時社會政治、經濟、文化的發展，各國交往比較頻繁，以華夏中原即黃河流域中下游地區的方言爲基礎的漢民族共同語已初步形成。當時稱做"雅言"。而且《詩經》裏的許多民歌可能還經過史官或"輶軒使者"的整理加工（相傳孔子亦曾刪改過），所以《詩經》的語言内部（包括詞彙、語法及用韻的寬嚴與章句的格式）具有很大的一致性，因而在當時就能得到廣泛的流傳。讀書人、外交官都得學《詩》、用《詩》。這説明《詩經》的語言正反映了當時正在形成的共同語。所以用《詩經》來研究周秦的古韻及詞彙、語法是有根據的。當然，我們肯定《詩經》語言的内部一致性及其代表性，同時也要預計到它可能出現的地方色彩（如東、西部的差異）。如此就會注意區别一般與特殊，遇到個别特殊的語言現象就能持一種正確的認識，並做出謹慎的處理，而不至因此推翻我們已歸納出的一般或總的結論。

前人研究《詩經》的古韻都是從分析、歸納它的韻脚入手的，因此必須首先確定詩篇章句的韻脚。《詩經》與後代詩歌一樣，每篇每章差不多都是有韻的。那些互相押韻的字叫"韻脚"。而要確定《詩經》的韻脚又必須瞭解它的"韻例"，即押韻的規則與格式——格律。由於語言的發展，古代原本押韻的地方後代讀來往往有不少已不押韻了。因此如果根據現代的讀音那是難以確定韻脚的。所以必須首先瞭解《詩經》的押韻規律，即什麽地方用韻、什麽地方没有韻。這應當是客觀的。孔廣森著《詩聲分例》云："欲審古音，必先求乎用韻之例"，"弗明乎古人用韻之法，無以辨乎古音之界"[4]。但是《詩經》用韻又不似後代律詩那樣有固定的標準格式，而是比較靈活多樣。因此古音學家對《詩經》的韻例也有不同意見。自宋代項安世（1129—1208）著《詩句押韻疏密》以來，歷代學者經過不斷的探索和研究，如江永作《詩韻舉例》，直至王力著《詩經韻讀》。參照王力等人所做的"詩經韻例"，我們已瞭解《詩經》韻例的基本類型。《詩經》有二字句、三字句、四字句、五字句……直至十二字句，而以四字句爲主。從用韻的格式來看，有連句韻、間句韻、錯句韻、抱句韻以及遙韻等等。以四字句爲例：

連句韻（×××a　×××a　×××a　×××a）：
汶水湯湯，行人彭彭；魯道有蕩，齊子翱翔。（《齊風·載驅》）
間句韻（××××　×××a　××××　×××a）：
采采卷耳，不盈頃筐。嗟我懷人，置彼周行。（《周南·卷耳》）
又首句入韻（×××a　×××a　××××　×××a）：
關關雎鳩，在河之洲。窈窕淑女，君子好逑。（《周南·關雎》）
錯句韻（×××a　×××a　×××b　×××b）：
于以采蘋，南澗之濱。于以采藻，于彼行潦。（《召南·采蘋》）
或（×××a　×××b　×××a　×××b）：
鵲之彊彊，鶉之奔奔；人之無良，我以爲君。（《鄘風·鶉之奔奔》）
抱韻（×××a　×××b　×××b　×××a）：
有命自天，命此文王；于周于京，纘女維莘。這是眞部字"天、莘"抱陽部字"王、京"。（《大雅·大明》）
遙韻（×××a　×××a　×××A
　　　×××b　×××b　×××A
　　　×××c　×××c　×××A）：
麟之趾，振振公子，于嗟麟兮。

麟之定，振振公姓，于嗟麟兮。

麟之角，振振公族，于嗟麟兮。(《周南·麟之趾》)

從用韻有無變化即換韻與否來看，大約可分單一韻（aaaa式）、遞轉韻（aabb式）和交織韻（abab式）等[5]。還要注意的是，一般虛詞在句末不入韻，或者爲避免用同字押韻，前邊再加一個韻字，構成所謂"富韻"。例如：

野有死麕，白茅包之；有女懷春，吉士誘之。(《召南·野有死麕》)

摽有梅，其實七兮；求我庶士，迨其吉兮。(《召南·摽有梅》)

《詩經》裏用於句末的虛詞有"之、也、矣、兮、止、思、只、且、焉、哉"以及代詞"我、女（汝）"等。

根據韻律確定韻腳之後，就可以把互相押韻的字進行系聯、歸納與分類。例如：

參差荇菜，左右采之；窈窕淑女，琴瑟友之。(《周南·關雎》三章)

采采芣苢，薄言采之；采采芣苢，薄言有之。(《周南·芣苢》一章)

招招舟子，人涉卬否；人涉卬否，卬須我友。(《邶風·匏有苦葉》四章)

瑣兮尾兮，流離之子；叔兮伯兮，褎如充耳。(《邶風·旄丘》四章)

緜緜葛藟，在河之涘。終遠兄弟，謂他人母。謂他人母，亦莫我有。(《王風·葛藟》二章)

翩翩者鵻，載飛載止。集于苞杞，王風靡盬，不遑將母。(《小雅·四牡》四章)

丘中有李，彼留之子。彼留之子，貽我佩玖。(《王風·丘中有麻》三章)

將仲子兮，無踰我里，無折我樹杞。豈敢愛之，畏我父母。(《鄭風·將仲子》一章)

泉源在左，淇水在右。女子有行，遠兄弟父母。(《衛風·竹竿》二章)

相鼠有齒，人而無止。人而無止，不死何俟！(《鄘風·相鼠》二章)

用系聯法可以發現"采、友、苢、有、子、否、耳、涘、母、杞、李、玖、里、右、止、齒、俟"等字是互相押韻的。這就意味着在《詩經》時代，它們的韻母是相同或相近的，即其主要元音與韻尾相同，只是介音有所不同。儘管這些字的現代韻母差別甚大，有的讀[ai]，有的念[əu]，有的念[i]，有的讀[ĭ]，還有分別讀為[u]或[ər]的，顯然是不能互相押韻的。就是在唐詩時代，這些字一般也不能相押。因為它們分屬於《廣韻》上聲的海韻、有韻、厚韻和止韻；而且是屬於不同的蟹攝、流攝與止攝。

它們在《詩經》裏既然可以互相押韻，古音學家就把它們系聯在一起，確定它們在上古同屬一個韻部。於是將《詩經》中所有押韻的字分别系联归纳，并且与《广韵》206韵加以比较。比如上面诗例中的"子、苡、耳、浼、齿、杞、俟"等属之韵上声止韵，"有、友、玖、否"等属尤韵上声有韵，"母"属侯韵上声厚韵，"采"又属咍韵上声海韵。段玉裁及其之后的古音学家大都把这些字归为上古之部。这就是说，上古之部至少包括《广韵》的之韵、尤韵、侯韵和咍韵（举平以赅上、去）；之部的名称也是依据《广韵》定的。这样将每个韵部的范围确定下来之后，上古韵部系统的面貌就显露出来了。王力先生主张的古韵二十九部或三十部就是这样得出来的。

研究上古韵部的另一种重要材料就是形声字。

古音学家发现声符相同的字即使现代读音不同，而在《诗经》里却可以押韵。例如：

羔羊之<u>皮</u>，素丝五<u>紽</u>。退食自公，委蛇委<u>蛇</u>（yí）。（《召南·羔羊》一章）

"紽""蛇"虽然在后代读音有所不同，但从上古韵部系统的角度看，同声符的字基本上同属一个韵部。例如："紽""蛇"都从它得声。而二字今音（一念 tuó，一念 yí 或 shé）相去甚远，《诗经》既相押，又同声符，这表明凡从"它"得声的字，如"佗、坨、沱、陀、柁、砣、跎、驼、酡、鸵、舵、岮、挖、袉、訑、迱、铊、鮀、鼍"等同属一部，即歌部。又"它"的本义是蛇，古文字作"ς"，隶定又为"也"。从"也"得声的字，如"他、地、池、拖、淹、施、他、扡、柂、牠、狋、砐、袘、訑、迆、迤、陁、陊、驰、髢"等亦属歌部。还有，这章诗的首句"皮"字也入韵。"皮"亦歌部字。从皮得声的"波、佊、坡、披、彼、被、破、頗、玻、跛、疲、鈹、陂、破、菠、簸、婆、忮、旇、柀、紴、獙、貱、髲"等字也屬歌部。又如：

鸛鳴于垤，婦嘆于室。灑掃穹室，我徵聿至。(《豳風·東山》三章)

其中相押的四個字"垤、室、窒、至"，都从至聲。在《廣韻》分屬於入聲質韻和去聲至韻，上古則同屬質部。而從"至"得聲的字還有"侄、致、郅、桎、軽、膣、蛭、咥、崼、恎、挃、眰、経、耊、蟄、跮、庢、姪、眣、浌、溘、秷、緻、胵、銍、駤"等也屬質部。

因此，將形聲字材料和《詩經》等先秦韻文用韻結合起來，研究、歸納出來的上古韻部系統則更爲可信。而且《詩經》等韻文中的入韻字有限，而形聲字自成諧聲系列，可以將不入韻的字補充進來，豐富上古韻部歸字的内容。故古音學家多製有"上古韻部諧聲表"。例如段玉裁《古韻十七部諧聲表》[6]。

二、前人考證上古韻部的經過與成就

上面講的研究上古韻部的根據和方法以及重點介紹的王力二十九部或三十部的結論，並非一朝一夕輕易取得的；而是經過歷代學者長期探索、研討的過程，並不斷總結前人的研究成果而得到的。

在古音學史上，過去對古韻的研究要比對古聲紐的研究早得多。這是因爲由於語音的發展變化，漢魏以後的學人在閱讀《詩經》及其他先秦韻文時，感到本應有韻的地方讀來却不押韻了。而他們往往缺乏歷史觀點，不瞭解語音是發展變化的，總以爲先秦的漢字讀音和後代没有什麼不同的。因而對《詩經》的用韻做出種種錯誤的解釋，提出一些不正確的看法。例如東晉徐邈（344？—397）提出"取韻爲讀之法"。如《召南·行露》三章："雖速我訟，亦不女從。"《毛詩正義》云："訟，如字。徐（邈）取韻音才容反。"他不知"訟"字在上古本讀平聲。又梁代末年沈重（500—583）創"協句"説。如《邶風·燕燕》一章："燕燕于飛，差池其羽。之子于歸，遠送于野。瞻望弗及，泣涕如雨。"《經典釋文》引沈重《毛詩音》云："野，協句宜音時預反。"即改讀暑（音同别墅之墅），則可與上文"羽"及下文"雨"相協。這實際上是强改字音以就今讀，並不是真正考明古代的本音。

　　唐陸德明（556—627）主張"古人韻緩不煩改字"，意思是古人用韻很寬，隨意用字即可押韻，於不押韻的字臨時改讀一下，無須改動文字。例如《周南·關雎》末章後四句："参差荇菜，左右芼之。窈窕淑女，鐘鼓樂之。"陸氏云："樂，或云協韻宜五教切。"即可與"芼"協韻。這與"協句說"並没有什麽不同。李善（約630—689）注《文選》亦稱"協韻"。而顔師古（581—645）注《漢書》又謂之"合韻"，也是這個意思。

　　唐明皇李隆基有改經的故事。他夜讀《尚書·洪範》，於"無偏無頗，遵王之儀"時，感到"頗"字與"儀"字不押韻，於是下詔將"頗"字改爲"陂"字。他不懂"頗"字從皮得聲，與"儀（儀）"字上古同屬歌部，故而鬧出笑話。

　　宋朱熹（1130—1200）著《詩集傳》，注釋簡明，很有影響，但他的注音採用叶音（韻）説，則是錯誤的。所謂"叶音"，也是從古今語音相同的觀點出發，以爲《詩經》時代詩人吟詩用韻很隨便，後代讀來不押韻的地方，是詩人本來用了一個本不同音的字，然後臨時將字音改讀一下以求叶韻。如《邶風·燕燕》三章：“燕燕于飛，下上其音。之子于歸，遠送于南。瞻望弗及，實勞我心。”朱氏於“南”字下注“叶尼心反”，以與“音、心”相協。這是和六朝人的“取韻”説、“協句”説，犯了同一性質的錯誤。

其實，《詩經》與其他先秦有韻之文一樣，每個入韻的字都有個固定的讀音，不可能時而念甲音，時而念乙音。否則讀音無標準，人們怎能進行思想交流？語言是作爲社會交際工具而存在的，是不能亂來的。例如上述之部的“有”字，在先秦它應有個固定的讀音，不可能與“采”字相押時念 ai，與“母”相押時又念 u，與“子”字相押時念 sʅ，與“裏”字相押時又念 i，與“齒”字相押時念 ʅ，而與“玖”字相押時又念 iəu。應當理解，“有”在《詩經》裏的任何情況下都衹讀一種音。它之所以能與“采”“母”“子”“裏”“齒”“玖”等字押韻，因爲它們在《詩經》時代讀音本相近，同屬一個韻部。到了後代才演變爲不同的讀音。

有了這種發展觀點作爲前提，對古音才會有正確的認識。有清一代的古音學家正是在這點上超越了前人，才能做出突出的成績來。上面介紹的晉宋以來的各種主張都談不上是對古音的科學研究。

一般認爲宋代的吳棫（約1100—1154）是我國第一個研究古音的學者。他是南宋建安（今福建建甌）人，祖籍安徽。著有《毛詩補音》《楚辭釋音》和《韻補》等書，前二書已佚。《韻補》是以《廣韻》206韻爲基礎，引用韻語、異文、聲訓等材料證明古代哪些韻相通。例如卷一：“冬，古通東；鍾，古通東；江，古通陽或轉入東。”吳氏衹是如此簡單地依《廣韻》注出“古通某”“古轉聲通某”，没有明確提出上古韻部的結論來；而且他也主張“古人韻緩説”，歷史觀也比較模糊，成就不大。

有人據其所注"古通某"之相通之韻歸納出九個韻部[7]：

第一部　東冬鍾江陽蒸登侵
第二部　支脂之微齊灰咍皆佳尤歌戈麻
第三部　魚虞模麻侯尤
第四部　真諄臻文欣魂痕元先庚耕清青山仙侵
第五部　寒桓山删先仙元鹽添嚴覃談咸銜
第六部　蕭宵肴豪尤幽
第七部　歌戈麻
第八部　陽唐東冬鍾江庚耕清青蒸登真侵
第九部　尤侯幽虞豪肴宵蕭之咍灰

此九部的界限很不明確，所以他的注音也有不少錯誤。如注"分"音膚空切，"心"音息容切等。這不是古音，實際上反映了他的閩方音。但是，吳氏在方法上給後人亦有所啟發，即：1. 與《廣韻》206 韻做比較以上推古音；2. 運用了韻語、異文、聲訓和形聲字等材料。

宋代還有個鄭庠（生卒年、里籍不詳），著有《古音辨》，分古韻為六部。鄭書已佚。清末夏炘《詩古韻表二十二部集説》所錄，用"平水韻"韻目，不知出自何處。元熊朋來（1246—1323，江西南昌人）《熊先生經説》引鄭庠説用的是《廣韻》韻目：

第一部　東冬鍾江陽唐庚耕清青蒸登（入聲：屋沃燭覺藥鐸陌麥昔錫職德）
第二部　支脂之微齊皆佳灰咍（祭泰夬廢）
第三部　魚虞模歌戈麻
第四部　真諄臻文欣元魂痕寒桓删山先仙（入聲：質術櫛物迄月没曷末黠鎋屑薛）

第五部　　蕭宵肴豪尤侯幽

第六部　　侵覃談鹽添咸銜嚴凡（入聲：緝合盍葉帖洽狎業乏）

鄭氏六部衹是對《廣韻》韻目的機械合併。江有誥曾批評說："雖分部至少，而仍有出韻，蓋專就《唐韻》求其合，不能析《唐韻》求其分，宜無當也。"[8]正中了鄭氏的要害。

明代研究古韻的學者，著名的有兩位。一是楊慎（1488—1559），字用修，號升庵，四川新都（祖籍廬陵——今江西吉安）人，著有《古音騈字》《轉注古音略》《古音叢目》《古音略例》諸書，但多"稽古證今，依託杜撰"。其中《古音略例》亦僅爲吳棫做了一些材料增補工作，談不上成就。

另一位是明末陳第（1541—1617），影響較大。陳第，福建連江人，萬曆年間秀才，以諸生從軍，官至薊鎮遊擊將軍。著有《毛詩古音考》《屈宋古音義》。他突出的功績是破除"叶音說"，明確提出古音不同於今音的觀點。他說："蓋時有古今，地有南北，字有更革，音有轉移，亦勢所必至。"又說："故以今之音讀古之作，不免乖刺而不入，於是悉委之叶。夫其果出於叶也，作之非一人，采之非一國，何'母'必讀米？非韻'杞'、韻'止'，則韻'祉'、韻'喜'矣；'馬'必讀姥，非韻'組'、韻'黼'，則韻'旅'、韻'土'矣。……其矩律之嚴，即《唐韻》不啻，此其故何耶？又《左》、《國》、《易象》、《離騷》、《楚辭》、秦碑、漢賦，以至上古歌謠、箴、銘、贊、誦，往往韻與《詩》合，寔古音之證也。或謂三百篇，詩辭之祖，後有作者，規而韻之耳。不知魏晋之世，古音頗存，至隋唐漸盡矣。"[9]陳氏認爲先秦漢字都有其固定的讀音，後代讀音不同是由於語音發生了變化。他這種歷史觀點給清代的古音學家以很大的啓發和影響。但陳第的《毛詩古音考》祇是就《詩經》的韻字用直音法注明他認爲的（或擬定的）古音。如"服音逼""采音此""友音以""馬音姥"等等。全書共列出 444 字，每字注出其"古音"後，又列舉出本證與旁證。但是什麼是古音？陳第仍未提出一個明確的標準，所以他的注音不免有誤。如"婦音喜""南音寧""歲音試，後轉音泄""國音役""業音岳""嚴音莊"等。這種錯誤也往往是受他自己的閩方音的影響。同時也是由於他沒有進一步系統地研究古今音的異同，對古韻缺乏系統的、概括的認識。這也是歷史的局限。

首先把古韻研究引上系統的科學道路的，是明末清初的偉大思想家、經學大師顧炎武（1613—1682）。顧炎武，江蘇崑山人，初名絳，字忠清，後改名炎武，字寧人，號亭林。古音學方面的著作有《音學五書》（包括《音論》《詩本音》《易音》《唐韻正》和《古音表》）。顧氏接受陳第的歷史觀，認識到古人用韻與後代不同，就是古今音不同的表現。同時他吸取吳棫等人的教訓，在材料上注意選擇，即基本上取先秦韻語而以《詩經》爲主（但他也用了漢魏以後甚至唐代詩韻來證明其古韻系統，這表現了他的歷史觀點的不徹底性）。在方法上，顧氏注意到客觀歸納，把押韻的字歸爲一類，不相押的字分別處理，並與《廣韻》做比較，從而得出古人用韻的十個大類，他稱"古韻十部"。這就是：

第一部　　東冬鍾江
第二部　　脂之微齊佳皆灰、支之半、尤之半，入聲：質術櫛物迄月沒曷末黠鎋屑薛、職德、屋之半、麥之半、昔之半、錫之半；

第三部　魚虞模侯，麻之半，入聲：屋之半、沃之半、燭之半、覺之半、藥之半、鐸之半、陌之半、麥之半、昔之半；

第四部　真諄臻文欣元魂痕寒桓删山先仙；

第五部　蕭宵肴豪幽，尤之半，入聲：屋之半、沃之半、覺之半、藥之半、鐸之半、錫之半；

第六部　歌戈，麻之半、支之半；

第七部　陽唐，庚之半；

第八部　耕清青，庚之半；

第九部　蒸登；

第十部　侵覃談鹽添咸銜嚴凡，入聲：緝合盍葉帖洽狎業乏。

顧氏分部的特點（也是他的功績），首先就在於開始打破傳統韻書的束縛，即不受《切韻》系韻書的約束，能"離析唐韻"。也就是在歸納《詩經》韻腳時，注意到不受後代韻書分韻的限制。某些字在後代韻書裹雖同屬於一韻，但在先秦韻文裹却各有自己的歸宿，互不相涉，讓它們分別歸入不同的韻部。如將尤韻的"尤牛丘郵裘謀"等字歸入第二部，而"鳩憂留流秋州"等字則歸入第五部。又如將麻韻的"麻嗟加嘉沙蛇也"等字歸第六部，而"蟆車奢賒牙華家"等字歸入第三部。再如將支韻的"奇宜垂義池離移"等字歸入第六部，而"支知吹是歸斯此兒"等字歸入第二部。即所謂某韻之半。這在觀點與方法上都是超越前人的。後來在古韻研究上能繼續做出成績的古韻學家都是走的這條道路，即根據先秦韻文用韻的客觀事實"離析唐韻"。

其次，顧炎武注意到上古的入聲韻與陰聲韻的關係不同於後代。中古《切韻》音系是以入聲韻配陽聲韻，而在《詩經》及其他先秦韻文裹，陰聲韻字與入聲韻字常相押。例如《豳風·七月》一章：

　　七月流火，九月授衣。一之日觱發，二之日栗烈。無衣無褐，何以卒歲！

"歲"屬《廣韻》去聲廢韻，而與入聲月韻"發"、薛韻"烈"、曷韻"褐"相押。又如《周南·關雎》三章："參差荇菜，左右芼之。窈窕淑女，鐘鼓樂之。"這是去聲号韻"芼"字與入聲鐸韻"樂"相押。所以顧炎武據此把入聲韻和陰聲韻歸爲同一部。如第二、三、五部（唯第十部收［-p］的入聲韻歸入收［-m］的陽聲韻除外）。這也是能以古韻言古韻，不受後代韻書以入配陽的束縛，確乎是他的創見。

　　但是，顧氏的分部畢竟還是十分粗疏的，祇是初步搭起一個古韻系統的架子，還不能說它已真實地反映出《詩經》的韻部系統。江永批評他"考古之功多，審音之功淺"[10]。這一批評是公允的，顧氏不僅審音不夠，而且考古也還存在問題。如以屋韻配魚韻、以質韻配支之半等。後來的古音學家在顧氏研究的基礎上對古韻的分部愈來愈細，愈來愈精，愈來愈接近先秦古韻的實際。顧炎武同時及其後治古音學的人很多，如柴紹炳、毛先舒、方以智、王夫之、毛奇齡、李因篤、萬光泰等[11]。下面我們簡要地介紹其後幾家有重要貢獻的學者。

　　江永（1681—1762），字慎修，徽郡婺源（今江西婺源縣）人。他研究古韻的主要著作是《古韻標準》。他說："因本顧氏書修正之，增爲十三部。"他的成就就在於把顧氏第四部分爲"真諄文欣魂痕、分先"和"元寒桓刪山仙、分先"兩部。即將先韻字一分爲二：以"千田天堅賢年顛淵玄扁汧先烟"等字歸第四部（真文）；而以"肩箋前湔典犬懸見宴燕片"

等字歸新建的第五部（元寒）。他用同樣的方法又把顧氏第三部中的虞韻一分爲二，即一部分字如"夫吁虞膚羽雨舞甫父武栩賦瞿釜芋"等字留在第三部（魚）；而"駒株蹰樞姝驅俞愚侮主乳樹數取具句"等字則歸入他新建的第十一部（幽侯）。他還把顧氏的第五部一分爲二，即蕭宵肴豪四韻各一半（如"寮潦窕苕，夭苗昭朝遙驕郊，肴巢效教，高刀毛勞號盜到"等）歸入他的第六部；而將蕭宵肴豪四韻的另一半（如"蕭條聊凋鳥，儦，包茅膠卯炮，曹陶牢好老道草寶報"等）及幽與尤之半併入其第十一部。這就是說江永將顧氏的第三、五兩部析分爲他的第三、第六和第十一三個部。此外，江氏還把顧氏的第十部一分爲二，即分出侵和覃之大部（如"驂南男覃潭堪含"）、談之部分（如"三"）、鹽之部分（如"潛"）、添之部分（如"僭簪"）及其入聲爲第十二部，其他談之大部（如"談藍甘敢淡濫"）、覃之部分（如"涵"）和咸、銜、嚴、凡四韻與鹽之大部（如"鹽詹沾炎廉冉染"）、添之大部（如"玷恬點兼謙歉"）及其入聲則爲第十三部。

　　江永是位著名的等韻學家，他已開始注意古韻入聲韻部的獨立問題。雖然形式上他的古韻十三部包括了入聲韻，主張"數韻共一入"，但他也明確地分出了八個入聲韻部。即：

　　第一部　　屋、燭、分沃、分覺；

　　第二部　　質、術、櫛、物、迄、沒、分屑、分薛；

　　第三部　　月、曷、末、黠、轄、分屑、分薛；

　　第四部　　藥、鐸、分沃、分覺、分陌、分麥（此韻實爲三分之一，下同）、分昔、分錫；

　　第五部　　分麥、分昔、分錫；

第六部　　職、德、分麥；

　　第七部　　緝、分合、分葉、分洽；

　　第八部　　盍、帖、業、狎、乏、分合、分葉、分洽。

當然，江永的分部也還是不夠細的。

段玉裁（1735—1815），字若膺，號懋（茂）堂，江蘇金壇人。他著有《六書音均表》（附於其《説文解字注》），分古韻爲十七部。其主要貢獻有：

（一）在分部上，將顧炎武的第二部分爲三個部，即：第一，之、咍、灰半、尤半；第二，支半、齊半、佳；第三，脂、微、皆、齊半、灰半。又將顧氏的第三部分爲第四（侯、虞半）和第五（魚、模、虞半、麻半）兩個部（江氏雖然從魚部中分出侯部來，但又把它併入幽部了）。段氏還將江永的第四部又進一步分爲第十二（真半、臻、先半、諄半）和第十三（文、欣、真半、諄半、魂、痕）兩個部。這樣段氏的分部就比江永的十三部多出四部，故有十七部。

（二）系統地運用了形聲字材料，並製訂"十七部諧聲表"。段玉裁説："考周秦有韻之文，某聲必在某部，至賾而不可亂。故視其偏旁以何字爲聲，而知其音在某部，易簡而天下之理得也。許叔重作《説文解字》時未有反語，但云某聲某聲，即以爲韻書可也。自音有變轉，同一聲而分散於各部各韻。如一'某'聲，而'某'在厚韻，'媒''脄'在灰韻；一'每'聲，而'悔''晦'在隊韻，'敏'在軫韻，'晦''痗'在厚韻之類，參縒不齊，承學多疑之。要其始，則同諧聲者必同部也。"[12]"同諧聲者必同部"的提出，是段氏的重大發現，對研究與掌握先秦古韻有很大的貢獻。例如"以"字屬之部，那麽从"以（目）"得聲的"似、矣、台、怡、胎、詒、抬、怠、貽、殆、迨、笞、治、飴、眙、給、苔、姒、邰、耔、俟、㠯、鮐、駘、佁、珆、粨、緦、輜、咍、𧗳、鉁、颱、詒"等都屬之部；又如"工"字屬東部，那麼從"工"得聲的"攻、仝、貢、空、江、鞏、汞、紅、虹、悾、控、訌、茳、玒、崆、豇、恐、箜、嗊、舡、悾、矼、鞚、茳、澒、矼、鴻"等也都屬東部。如此一個聲符可以帶起一大串。即根據"同諧聲者必同部"的原則，就基本上可以把同聲符的字歸入同一韻部中去。這是既概括又便利的。利用《詩經》用韻，祇能歸納出那些入韻的字，而通過形聲字就可以納入先秦出現的全部或絕大部分字。這樣古韻部研究的結論就更可靠、更完整了。

當然，"同諧聲者必同部"這一原則也不能機械地運用，還要與《詩經》等先秦韻文用韻結合起來考察。例如《詩經・小雅・六月》："四牡修廣，其大有顒。薄伐玁狁，以奏膚公。"其中"顒"字從禺得聲，本屬侯部，現在與東部"公"字相押，表明它已從侯部轉入東部了。又如《齊風・甫田》二章："無田甫田，維莠桀桀。無思遠人，勞心怛怛。""怛"從旦聲，當屬元部，詩中與"桀"字相押，亦已轉入月部了。又如"等""特""待"三字都從寺聲，而"寺、待"在之部，"特"在職部，"等"又在蒸部。這是因為造字時代遠在《詩經》之前，經過一段時間後，自然會發生變化。所以《詩經》及先秦韻文是考證上古韻部的基礎和標準，而形聲字則是重要的補充材料。

（三）段氏研究古音的第三個突出成就就是首創以之部為首的古韻部排列法。過去祇依《廣韻》的次序排列古韻部，段氏開始依各部元音的遠近，變更《唐韻》的次序，重新排列古韻部。他的十七部的排列次序是：

  第一部 之咍，職德；

第二部　宵蕭肴豪；

第三部　幽尤，屋沃燭覺；

第四部　侯；

第五部　魚虞模，藥鐸；

第六部　蒸登；

第七部　侵鹽添，緝葉帖；

第八部　覃談咸銜嚴凡，合盍洽狎業乏；

第九部　東冬鍾江；

第十部　陽唐；

第十一部　耕庚清青；

第十二部　真臻先，質櫛屑；

第十三部　文諄欣魂痕；

第十四部　元寒桓删山仙；

第十五部　脂微齊皆灰，祭泰夬廢，術物迄月没曷末黠鎋薛；

第十六部　支佳，陌麥昔錫；

第十七部　歌戈麻。

這就比較接近於古韻系統的實際了。當然段玉裁的這份古韻表還有待於調整、完善。

戴震（1724—1777），字東原，安徽休寧人。著有《聲類表》，分古韻爲九類二十五部[13]。即：

第一類　1. 阿（歌）　　　　第二類　4. 膺（蒸）
　　　　2. 烏（魚）　　　　　　　　5. 噫（之）

	3. 堊（鐸）	6. 億（職）
第三類 7. 翁（東）	第四類 10. 央（陽）
8. 謳（幽、侯）	11. 夭（宵）
9. 屋（屋、覺）	12. 約（藥）
第五類 13. 嬰（耕）	第六類 16. 殷（真、文）
14. 娃（支）	17. 衣（脂）
15. 戹（錫）	18. 乙（質）
第七類 19. 安（元）	第八類 22. 音（侵）
20. 靄（祭）	23. 邑（緝）
21. 遏（月）	
第九類 24. 醃（談）	
25. 韘（盍）	

戴震本是段玉裁的老師，但他的古音研究及其《聲類表》的成書都在段氏的《六書音均表》之後。他的古韻二十五部吸收了段氏關於區分支、脂、之三部的成果，他在《答段若膺論韻》的書信中說："至支、脂、之有別，此足下卓識，可以千古矣。"但他並未接受段氏有關真、文分部的意見，仍承其老師江永的主張。此外，戴氏還把幽、侯併爲一部，而另分出一個靄（祭）部（這是他的創見）。所以他的分部於陰、陽聲韻部各祇有八部，共十六部，另有入聲韻九部，比江永多出一部。戴震的功績還在於把入聲韻明確地獨立出來，陰、陽、入三分。九類中祇有第八、九兩類無陰聲韻。又第一類把歌部視爲陽聲，則是錯誤的。此外，他還提出"一聲之轉"說，論"聲轉"有"同位、位同"；論"韻轉"有"正

轉、旁轉"（入聲韻爲陰陽對轉之樞紐）[14]，並將這種理論運用到訓詁學上。後來孔廣森、王念孫等又做了進一步的闡發。這一理論在我國經學與傳統語言學的歷史發展上曾起過積極的作用。

孔廣森（1752—1786），字衆仲，又字撝約，山東曲阜人。著有《詩聲類》，分古韻爲十八部。東、中（冬）分部是他的創見，他説："冬類古音與東、鍾大殊，而與侵聲最近，與蒸聲稍遠。"他將《廣韻》東韻一分爲二，其中"中宮蟲躬戎終崇"等字與冬韻字屬中（冬）部，而"公同東童功空紅"等字與鍾韻、江韻字屬東部。後來嚴可均（1762—1843，字景文，烏程即今浙江吳興人）進一步發展孔氏的見解，併冬於侵[15]。孔廣森還發展了他的老師戴震的"陰陽對轉"學説，將其十八部分陰、陽各九類（部），兩兩相配。如下[16]：

原類：	歌類，	丁類：	支類，	辰類：	脂類，
陽類：	魚類，	東類：	侯類，	冬類：	幽類，
侵類：	宵類，	蒸類：	之類，	談類：	合類。

其中"侵類"配"宵類"，失當，因爲韻腹、韻尾都不相關。又把"合類"看作陰聲韻也不妥。這九九相配不免犯了形式主義的錯誤。除了合類，孔氏還把入聲韻都併入陰聲，這是因爲他否定了上古有入聲韻與入聲調。不過他談到"陰陽對轉"時又説："入聲者，陰陽互轉之樞紐，而古今變遷之原委也。"這就自相矛盾了。

江有誥（1773—1851），字晉三，號古愚，安徽歙縣人。著有《音學十書》，即包括《詩經韻讀》、《群經韻讀》、《楚辭韻讀》、《先秦韻讀》、《漢魏韻讀》（未刻）、《二十一部韻譜》（未刻）、《諧聲表》、《入聲表》、

《四聲韻譜》和《唐韻四聲正》。另有《等韻叢説》附於《入聲表》之後。他的古韻研究是以段氏十七部爲基礎，吸收戴氏關於祭部獨立的意見和孔氏的東、冬分部學説，又吸取江永與戴震已做的將緝、葉兩部從侵、談分立出來，建立其古韻二十一部。江有誥自己的發明不多，可以説他是總結了自顧炎武以來包括江永、段玉裁、戴震、孔廣森諸家古韻研究的成果。所以他的二十一部説影響也很大。後來一些中外學者差不多都採用江有誥的二十一部或以他的二十一部爲基礎做點增補或調整，連高本漢也是如此。江有誥既精古音，又善等韻學。段玉裁很欣賞他，在爲他的《入聲表》所做之"序"中説："精於呼等字母之學，不惟古音大明，亦且使今韻分爲二百六部者，得其剖析之故。"又説："余與顧氏、孔氏皆一於考古，江氏、戴氏則兼以審音；而晉三於二者尤深造自得。"

　　與江有誥差不多同時，還有一位著名的古音學家王念孫（1744—1832），字懷祖，號石臞，江蘇高郵人，著《毛詩群經楚辭古韻譜》，亦分古韻爲二十一部，也是總結了前人的研究成果。與江有誥不同者在於江氏接受了孔氏的東、冬分部，而王氏則不用孔説，另從脂部裏分出一個至（質）部來。王、江二氏多次通信討論他們之間的這一分歧，也未取得一致意見。王念孫的古韻二十一韻部如下：

　　1. 東，　2. 蒸，　3. 侵，　4. 談，　5. 陽，　6. 耕，　7. 真，
　　8. 諄，　9. 元，　10. 歌，　11. 支，　12. 至，　13. 脂，　14. 祭，
　　15. 盍，　16. 緝，　17. 之，　18. 魚，　19. 侯，　20. 幽，　21. 宵。

晚年他同意東、冬分部，於是有二十二部。

　　王、江前後研究古韻的學者亦不少，如張惠言（1761—1802，字皋

文，江蘇武進人）、嚴可均（見前）、劉逢禄（1776—1829，字申受，江蘇常州人）、朱駿聲（1788—1858，江蘇吳縣人）、夏炘（1789—1871，字心伯，安徽當塗人）、張成孫（1789—？，張惠言之子）、黃以周（1828—1899，字元同，浙江定海人）。其中朱駿聲著《說文通訓定聲》，分古韻爲十八部。他依段氏十七部，再參照王氏之說，自己無任何發明，但他以《易》卦自立一套古韻部名稱，即：

1. 豐（東），2. 升（蒸），3. 臨（侵），4. 謙（談），5. 頤（之），
6. 孚（幽），7. 小（宵），8. 需（侯），9. 豫（魚），10. 隨（歌），
11. 解（支），12. 履（脂），13. 泰（祭），14. 乾（元），15. 屯（文），
16. 坤（真），17. 鼎（耕），18. 壯（陽）。

由於他的《說文通訓定聲》是依其十八部排列《說文》收字的，所以不可不知。又夏炘的《詩古韻表二十二部集說》總結了自顧炎武以來的清代古音學家的研究成果，特別是王念孫、江有誥兩家之說，也應予以關注。

清末民國的國學大師章炳麟，字枚叔，號太炎，浙江余杭人，著有《國故論衡•二十三部音準》，自稱以王氏二十一部爲基礎，參以孔氏東、冬分部之說，又"以脂部去、入諸字，《詩》多獨用，復析出隊（物）部，故得二十三部"。他的"韻目表"是：

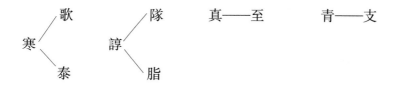

章氏晚年又併冬於侵，得二十二部。章氏重要的貢獻是隊（物）部獨立。

章氏的弟子黃侃（1886—1935），字季剛，湖北蘄春人，著《音略》等[17]，分古韻為二十八部，與章氏二十三部比較，多出入聲韻錫、鐸、屋、沃、德五部。他認為《廣韻》206韻之中有古本韻與今變韻。所以他的古韻韻目都採用《廣韻》的"古本韻"。他繼承江永、戴震的審音派傳統，亦將古韻陰、陽、入三類分立並相配：

屑（質）：先（真）；

灰（脂）：没（物）：魂痕（文）；

歌戈（歌）：曷末（月）：寒桓（元）；

齊（支）：錫：青（耕）；

模（魚）：鐸：唐（陽）；

侯：屋：東；

蕭（幽）、豪（宵）：沃（覺、藥）；

冬，咍（之）：德（職）：登（蒸）；

合（緝）：覃（侵）；

帖（盍）：添（談）。

王力先生曾著《上古韻母系統研究》[18]，根據《詩經》用韻，提出應從脂部裏分出微部來。後來董同龢在其《上古音韻表稿》裏又加以闡發，現已爲一般學者所公認。20世紀50年代王力先生著《漢語史稿》，總結前人的研究成果得古韻十一類二十九部。後來在他主編的《古代漢語》裏認爲戰國以後冬、侵應分部，故有古韻三十部。這就是：

第一類　　之　　職　　蒸
第二類　　幽　　覺　　冬
第三類　　宵　　藥
第四類　　侯　　屋　　東
第五類　　魚　　鐸　　陽
第六類　　支　　錫　　耕
第七類　　脂　　質　　真
第八類　　微　　物　　文
第九類　　歌　　月　　元
第十類　　　　　緝　　侵
第十一類　　　　盍　　談

關於上古韻的分部，現代學者還有一些不同意見，如羅常培、周祖謨著《漢魏晉南北朝韻部演變研究》分三十一部。這是從三十部中的月部裏分出祭部來，故多出一部。還有分三十四部或三十五部等等的。此外，各部内部的歸字各家仍有一些分歧，即某字歸某部各有一些不同意見，如"妥"字，段玉裁歸歌部，孔廣森歸脂部，王力歸微部。又如"兮"字，孔廣森、嚴可均歸歌部，而段玉裁、朱駿聲、黃侃、王力歸支部；"熊"字，江有誥、王力歸蒸部，嚴可均歸談部，朱駿聲歸豐（東）部；"顛"

字，江永、孔廣森、王念孫、王力歸東部，段玉裁入侯部。這種情況的產生主要是由於各家對某些諧聲字或《詩經》用韻的看法與處理有所不同而造成的。

三、上古三十韻部系統

這裏我們着重介紹王力先生的古韻三十部，談一談有關上古韻部的幾個特點或問題。

第一，古韻富有很強的系統性。古韻三十部分爲十一類，這是依照它們的主要元音相同、韻尾相配來分類的。例如第五類"魚：鐸：陽"，其主要元音都是[a]，即魚部[a]，其入聲韻鐸部[ak]收[-k]尾，與收[-ŋ]尾的陽聲韻陽部[aŋ]相配，即其韻尾同爲舌根音。這種分類是根據客觀情況歸納出來的，而不是先分類，然後分部。古韻陰、陽兩分，還是陰、入、陽三分，這是古音學上考古派與審音派的基本區別[19]。

第二，這三十韻部主要是根據《詩經》用韻歸納出來的。也就是說，在《詩經》裏，同部字都是互相押韻的。例如之部字與之部字相押，幽部字與幽部字相押。但這是主要的或一般情況，也有一些特殊的現象。例如《陳風‧月出》一章："月出皎兮，佼人僚兮；舒窈糾兮，勞心悄兮。"這是幽部字"糾"，與宵部字"皎、僚、悄"相押。又如《鄘風‧蝃蝀》二章："朝隮于西，崇朝其雨；女子有行，遠兄弟父母。"這是之部"母"字與魚部"雨"字相押。這種現象，古音學家叫做"合韻"。這與唐顏師古注《漢書》所謂"合韻"不同，後者實與"協韻"無異。古音學家所說的"合韻"一般出現在相鄰的兩個韻部之間，因爲鄰韻的主要元音相近。段玉裁早就觀察到這一點，曾提出"古韻次第遠近說"。他說："合韻以十七部次第分爲六類求之，同類爲近，異類爲遠；非同類而次第相附爲近，次第相隔爲遠"[20]。因此，分部愈細，合韻的情況愈多。但也不能因此抹殺實際的語言情況，應當區別一般與特殊。例如"母"字在《詩經》裏用於韻腳有十七次，其中十六次押入之部，祇有一次與魚部字相押（見上文所舉《鄘風·蝃蝀》例）。《詩經》用韻分部是客觀現象，同時也應承認"合韻"現象也是客觀存在。祇有首先承認分部，才能談得上合韻；反過來不談合韻，分部就有了問題。應先明確各部之間的界限，然後把各部之間的互押叫做"合韻"。所以段玉裁在談到"古合韻"時説得好："不知有合韻，則或以爲無韻。""知其分而後知其合，知其合而後愈知其分。"[21]"合韻"是一種例外的、特殊的情況，也可能是方言的問題。

第三、古音學家在研究古韻時爲什麼要談"陰陽對轉"？這是由於對《詩經》用韻與諧聲系統出現不一致時而做出的解釋。本來"同聲者必同部"，但這是一般原則。例如《詩經·小雅·庭燎》：

夜如何其？夜未央，庭燎之光。君子至止，鸞聲將將。
夜如何其？夜未艾，庭燎晣晣。君子至止，鸞聲噦噦。
夜如何其？夜鄉晨，庭燎有煇。君子至止，言觀其旂。

此詩共三章。從第一、二章用韻看，第三章的韻腳當是"晨、煇、旂"。而"煇、旂"今讀 huī [xui]、qí [tɕʻi]，《廣韻》亦分別念"許歸切"與"渠希切"，已屬陰聲韻"微韻"。但從諧聲來看，煇從軍聲，旂從斤聲，可見"煇、旂"本讀收 [-n] 尾的陽聲，在《詩經》裏與其押韻的"晨"字，上古同屬文部。由於諧聲時代較早，同諧聲的字到後來其讀音發生變化也就可以理解的了。在《詩經》時代這還是個別的特殊現象，例如上文所舉《詩經·小雅·六月》："四牡修廣，其大有顒。薄伐玁狁，以奏膚公。"其中"顒"字從禺得聲，本屬陰聲韻侯部，而與收[-ŋ]的東部字"公"相押。這不能認爲"顒"還讀陰聲[y]，而與陽聲字相押。應當承認"顒"字已轉讀[yŋ]（《廣韻》鍾韻，魚容切），即已從侯部轉入東部了。古音學家即將這種現象稱之爲"陰陽對轉"，並將入聲韻包括在陰聲韻之中。如《齊風·甫田》二章："無田甫田，維莠桀桀。無思遠人，勞心怛怛。"其中"怛"從旦聲，本屬陽聲韻元部，詩中與入聲韻月部字"桀"相押，可見它已轉入月部，讀[tat]（《廣韻》曷韻，當割切，今讀dá）了。這是由陽聲韻轉變爲入聲韻，也屬"對轉"。又如"裘"從求聲。"求"屬幽部，而在《豳風·七月》四章："四月秀葽，五月鳴蜩。八月其穫，十月隕蘀；一之日于貉，取彼狐貍，爲公子裘。二之日其同，載纘武功；言私其豵，獻豜于公。"此章句句有韻，換韻四次。頭兩句押幽部字"葽、蜩"，次三句押鐸部字"穫、蘀、貉"，最後四句押東部字"同、功、豵、公"。此前第三韻段兩句押"貍、裘"。"貍"是之部字；"裘"字本從求聲，"求"屬幽部。但"裘"也已由幽部轉入之部了，故與"貍"相押。因爲不僅《詩經》押韻如此，其他同時代的文獻用韻亦可證明。如《左傳·襄公四年》："臧（紇）之狐裘，敗我于狐駘。我君小子，朱儒是使。"與"裘"相押的"駘"也是之部字。可見不能把它們看作"合韻"。"裘"字由幽部轉爲之部，是臨近韻部之間的轉化，古音學上稱之爲"旁轉"。"對轉""旁轉"這種現象在現代方言裏也不乏其例。如"閉"，北京口語裏念[pin]，又如"耳"，福建建甌話念[neiŋ]，都是陰聲韻變讀爲陽聲韻。又如"單"，溫州念[ta]，蘇州又念[tɛ]。這是由陽聲韻變讀爲陰聲韻；前者是對轉，後者又是旁轉。總之"陰陽對轉"是漢語語音演變的一種規律，它也反映了漢語語音的系統性與特點，對揭示漢語語音結構及其演變規律有很大意義。

注釋

［1］ 陳第《毛詩古音考·自序》（康瑞琮點校），中華書局，1988 年。

［2］ 即周南、召南、邶、鄘、衛、王、鄭、齊、魏、唐、秦、陳、檜、曹、豳。

［3］ 顧炎武《音學五書·音論》，中華書局，1982 年。

［4］ 孔廣森《詩聲類》，（附《詩聲分例》），中華書局，1983 年。

［5］ 參看王力《詩經韻讀》，上海古籍出版社，1980 年；又《王力文集》第 6 卷。

［6］ 參看段玉裁《六書音均表》，中華書局，1983 年。王力三十韻部各轄哪些聲符與入韻字，可參看郭錫良等《古代漢語》下冊 1067—1074 頁"古韻三十部常見諧聲表"，商務印書館，1999 年。

［7］ 李思敬《論吳棫在古音學上的光輝成就》，《天津師大學報》1983 年第 2 期。

［8］ 江有誥《音學十書》，中華書局，1993 年。

［9］ 陳第《毛詩古音考》。

［10］ 江永《古韻標準》，中華書局，1982 年。

［11］ 參看張民權《清代前期古音學研究》，北京廣播學院出版社，2002 年。

［12］ 段玉裁《六書音均表》卷二。

［13］ 戴震《聲類表》。

［14］ 戴震著有《轉語二十章》，此書已佚，現僅存"序言"。

［15］ 嚴可均《說文聲類》下篇自注。

［16］ 孔廣森《詩聲類》。

［17］ 黃侃《黃侃論學雜著》，上海古籍出版社，1980 年。

［18］《清華學報》12 卷 3 期，1937 年。又《王力文集》第 17 卷。

［19］ 參看唐作藩《論清代古音學的審音派》，《語言研究》1994 年增刊。

［20］ 段玉裁《六書音均表·古韻次第遠近說》。

主要參考文獻

王力《漢語音韻》，商務印書館，1963 年。又《王力文集》第 5 卷，山東教育出版社，1986 年。

王力《清代古音學》，中華書局，1992 年。又《王力文集》第 12 卷，山東教育出版社，1990 年。

王力《漢語語音史》卷上第一章"先秦音系"——"先秦的韻部"，中國社會科學出版社，1985 年。又《王力文集》第 10 卷，山東教育出版社，1987 年。又商務印書館，2008 年。

第三節　上古韻部的擬測

本節也分三個問題來講。

一、古音擬測工作的意義與經過

研究上古聲母分多少類、古韻分多少部，這是傳統古音學的主要內容。但這衹是古音研究的一個方面，另一方面就是古音的擬測（reconstruction，又譯作"構擬"或"重建"）。這就是把上古音的聲母和韻部的大致讀音擬測出來。這種擬測工作的作用就在於使我們更清楚地認識古音的系統性，更便於討論古今語音的對應關係和演變規律。這對於我們不是拼音的漢字來說更爲需要。比如上古韻的支、脂、之三部到底分別在哪裏？現代普通話和各地方音大都已無區別："支、脂、之"三個字，有的都念［tʂɿ］（如北京、濟南、合肥），有的都念［tsɿ］（如西安、太原、武漢、成都、長沙、南昌、梅州），有的都念［tsy］（如蘇州），有的都念［tʃi］（如廣州、陽江），有的都念［tsi］（如廈門、建甌）[1]。現代方言裏大概衹有閩方言地區某些方言點能區分支脂與之，如福州話支、脂二韻字念［-ie］，之韻字念［-i］；潮州話支、脂二韻字念［-i］，之韻字念［-ɨ］。中古《切韻》音系此三韻，一般擬作：支［ǐe(ǐwe)］、脂［i(wi)］、之［ǐə］。其上古音，各家擬音的分歧略大一些。王力先生擬測此三部的元音分別是支［e］、脂［ei］、之［ə］[2]。這種擬測不管是否完全符合歷史事實，總比用三個漢字去表示要清楚、易懂得多了。

中古音的構擬用的是歷史比較法[3]；擬測上古音的方法不同於中古音，用的是內部擬測法。這也是現代普通語言學傳入中國之後的事。

過去的學者在研究古音分類的同時，也注意到它們的讀音問題。早在明清之際即已如此。但他們祇能用不標音的漢字去注音，用直音的方法注出他們所謂的古本音與今變音。例如明末陳第在他的《毛詩古音考》就有"采音此""友音以""家音姑""馬音姥""義音我"之類。顧炎武的《詩本音》等亦如此，他有時還用反切，如"母，古音滿以反"、"泳，古音羊向反"、"馬，古音莫補反"、"犯，古音伯吾反"等等。也有用韻目來注明古音的，如段玉裁的《六書音均表》，其之部以"之止志職"爲古本音，而以"灰賄晦、尤有宥"爲變音或音轉。這種注音比起朱熹的"叶音"來已有很大的進步，對我們瞭解《詩經》等先秦古韻有一定的幫助，但還遠不是真正的科學擬測。因爲他們不懂得語音的發展是有規律的，不瞭解語音的演變是有條件的；同時也缺乏科學的方法與工具。因此他們祇能把同部字的韻母理解爲完全同音的，而對後代同音的、上古不同部的字就無法區別了。段玉裁在《與晋三書》中說："能確知所以支、脂、之分爲三之本源乎？……僕老耄，倘得聞而死，豈非大幸乎！"段玉裁不辨古代的實際讀音，江有誥也無法解決。這是因爲他們受到歷史條件的局限。

章炳麟著《二十三部音準》，也還是用漢字去定每部的"標準音"，如說："魚陽曰烏姎（《廣韻》烏郎切）；支青曰娃（《廣韻》烏攜切）賏（青部，今韻無可表音之字，賏今音嬰，古當作一并切）；至真曰乙因；脂隊諄曰威（《廣韻》於非切）尉（《廣韻》於胃切，又紆物切）昷；歌泰寒曰阿遏安；侯東曰謳翁；幽冬侵緝曰幽雕（邕聲字，近人皆說在東部，《詩》以禮雕爲韻、衝雕用爲韻，則亦轉入冬部，故舉以表冬韻）揞（《廣韻》乙咸切）邑；之蒸曰埃膺；宵談盍曰夭菴盧（《廣韻》烏合

第二章　上古漢語語音系統

切）。"[4] 章氏這種擬音與戴震用零聲母字作韻部的標目沒有什麼本質上的不同。章氏還提出正韻、支韻的概念，亦與段玉裁的本音、變音說性質相同。不過章氏還運用了現代方音材料做佐證，如云："古之泰部如今中原呼麻。"又說："今吳越間呼泰，則與地方呼麻者同。"此說比顧炎武所謂"麻音來自西域，非中原舊讀"的看法則較合乎實際，因而是進了一步。但章氏沒有講出個道理來。

汪榮寶（生卒年不詳），字袞甫，又字太玄，江蘇吳縣人，1923年著《歌戈魚虞模古讀考》[5]，是我國第一個運用中外譯音（包括梵漢對音和日語中的吳音、漢音）以擬測古音的學者。他說："夫古之聲音，既不可得而聞，而文字又不足以相印證，則欲解此疑問者，惟有從他國之記音文字中求其與中國古語有關者，而取爲旁證而已。"此文就是他用漢魏六朝到隋唐的梵漢對音等材料論證歌戈等數韻的古讀。如 namas（南無），amitabha（阿彌陀佛），buddha（浮屠，佛），paraga（波羅伽，義爲"度彼岸"），kasyapamatanga（迦葉摩騰，印度高僧名）等。汪氏的結論是："唐宋以上，凡歌戈韻字皆讀 a 音，不讀 o 音；魏晉以上，凡魚虞模韻字亦皆讀 a 音，不讀 u 或 ü 音也。"汪氏所考釋的這幾韻的古讀與陳第等的古讀"家音姑""馬音姥"等正好相反，那麼誰比較接近客觀實際呢？當然是汪氏。但他仍犯了簡單化的毛病，即把韻部與韻母混爲一談了。後來錢玄同（1887—1939）著《古韻廿八部音讀之假定》[6]，也存在類似的問題。

瑞典高本漢在完成其《中國音韻學研究》（中古音）之後即着手上古音的研究，他發表了一系列有關論文，如《中日漢字分析字典》（*Analytic dictionary of Chinese and Sino-Japanese*，1923）、《詩經研究》（*Shiking researches*，1932）、《漢語詞族》(*Word families in Chinese*，1934)、《中日漢字形聲論》(*Grammata serica, Script and phonetics in Chinese and Sino-Japanese*，又譯名《漢文典》，1940）及《中上古漢語音韻綱要》(*Compendium of phonetic in Anciend Archais Chinese*，1954）等。他着重利用並研究分析了形聲字，提出自己的諧聲原則，又參照清代古音學家主要是江有誥和王念孫建立的《詩經》韻部系統，在其研究、擬測的中古《切韻》音系的基礎上，構擬了一套上古音系。他的方法叫做"内部擬測法"（*The methods of internal reconstruction*），與用於構擬《切韻》音系的歷史比較法不一樣。和高氏同時或其後運用現代語言學理論方法研究擬測上古音的中外學者還有德人西門華特（Walter Simon）（著有《論上古漢語韻尾輔音的構擬》，1927）、林語堂（1895—1976，著《支、脂、之三部古讀考》，1930）、李方桂（1902—1987，著《切韻 â 的來源》，1931；《論東冬屋沃之上古音》，1933；《上古音研究》，1971）、董同龢（1911—1963，著《上古音韻表稿》，1944）、陸志韋（1894—1970，著《古音説略》，1947）、王力（著《漢語史稿》上冊，1957）、奧德里古爾（Haudricourt.A.G）（著《怎樣擬測上古漢語》，1954）、雅洪托夫（S.E.Yakhontov）（著《上古漢語的韻母系統》，1959）、蒲立本（E.G.Pulleyblank）（著《上古漢語的輔音韻系統》，1962；《關於漢語詞族一些新假設》，1973）、周法高（著《論上古音》，1969）、丁邦新（著《上古漢語的音節結構》，1979）、何九盈、陳復華（著《古韻通曉》，1987）、斯塔羅思津(Sergei A Starostin)（著《古代漢語音系的構擬》，1989）、白一平（William H. Baxter III）（著《漢語上古音手冊》，1992）、鄭張尚芳（著《上古音系》，2003）等學者繼續運用高本漢的方法或又利用漢藏語

的比較方法，有的從個別問題上，有的從系統方面對高氏的構擬進行了討論、修訂與總結。

二、擬測的方法與步驟

上面談到，擬測上古音的方法主要用的是內部擬測法。這種方法是從一個獨立的語言以及該語言的共時描寫所得到的材料中推測出該語言的歷史成分的過程，也就是運用結構主義分析法來研究語言的歷史發展，從語言材料的共時分析中得出歷時的結論。這與構擬中古音的歷史比較法，即通過一群親屬語言或方言的有對應關係的語音的不同形式的比較以推斷出一個共同的歷史來源的方法是有所不同的。下面介紹運用內部擬測法擬測上古音的具體步驟。一般來說，可以分爲四個步驟或程序。

第一步，首先要確立一個韻部系統。這一工作有清一代學者已基本完成。最好是選擇一家審音派的體系，如戴震的二十五部，黃侃的二十八部，王力的三十部，或羅常培、周祖謨的三十一部。江永、江有誥都精通等韻學，實際上也屬審音派。高本漢採用的二十六部實是以江有誥的二十一部爲基礎，吸收了王念孫的至部、章炳麟的隊部，共二十三部；再將歌、魚、侯以收尾塞音的不同各分爲二，合計二十六部，與王力的三十部有所不同，下面再說。

第二步，即韻部系統確定之後，根據韻部之間的合韻情況反映的彼此遠近疏密關係，並參考梵漢對音等材料，爲每個韻部確定一個主要元音。比如依照梵漢對音（如汪榮寶所做）爲上古魚部擬測一個[a]元音。我們知道侯部與魚部合韻較多，那麼侯部的主元音應與魚部接近。而宵部又與侯部合韻較多，宵、侯兩部的關係當較密切。幽部又與宵部有較多的合韻現象，其關係比較密切，而與魚部、侯部關係則比較疏遠。弄清它們的遠近密關係之後，再根據現代語音學的原理及國際音標元音舌位圖，爲每個韻部各擬測一個比較合理的、内部不矛盾的主元音。如魚部爲 [a]，侯部爲 [ɔ]，宵部爲 [o]，幽部爲 [u]，其發音部位逐漸移後、升高。

　　第三步，參照形聲字的諧聲關係與陰陽對轉的理論，以確定各部的韻尾。例如寺聲有"特""等"，"寺"屬之部，"特"屬職部，而"等"屬蒸部。三部的主元音應相同，王力先生擬測爲 [ə]。之部是陰聲韻，開韻尾；"寺"當擬測爲 [zǐə]。蒸部是陽聲韻，韻尾是 [-ŋ]，"等"當擬測爲 [təŋ]。職部是入聲韻，收塞音韻尾 [-k]，"特"當擬測爲 [dək]。此三字同聲符不同部，是陰陽對轉的結果。又如"怛"從旦聲，"旦"字屬元部，收 [-n] 韻尾；"怛"在《切韻》屬入聲曷韻，收 [-t] 韻尾，《詩經·齊風·甫田》二章與"桀"相押，上古在月部，也收 [-t] 尾。又如"占"聲有"苫""沾""玷"，也有"帖""怗"。前者收 [-m] 尾（屬談部），後者收 [-p] 尾（屬葉部）。首先要區別陰、陽、入，一般以入聲爲樞紐，逐步確定收 [-p] 尾與收 [-m] 尾、收 [-t] 尾與收 [-n] 尾、收 [-k] 尾與收 [-ŋ] 尾各類韻部之間的對應關係。如：

　　　　之—職—蒸　　侯—屋—東　　脂—質—真　　緝—侵

　　第四步，比較上古韻部與《切韻》音系，即將上古各韻部所屬之字，查看其分屬於《廣韻》哪些韻，找出其間的對應規律，然後擬測各部的韻母系統。亦即基本上依照所構擬的中古《廣韻》韻母的等呼往上推。例如上古之部與《廣韻》的之、咍、灰、尤半、脂、侯等數韻相對應。這些韻所包含的韻母分屬於開口一、三等與合口一、三等，那麼上古之部也至少有四個韻母。根據王力先生的擬測，這就是：

之部 ［ə］（開口一等） —— （舌齒牙喉）咍［ɐi］（"台來才哀該"）

　　　　　　　　　　　 —— （唇）侯［əu］（"母畝某"）

　　　　　　　　　　　 —— 不規則變化：皆［ɐi］（"埋霾"）

　　［ĭə］（開口三等） —— （舌齒牙喉）之［ĭə］（"之思耳其疑喜"）

　　　　　　　　　　　 —— （唇）　脂［i］（"鄙丕"）

　　［uə］（合口一等） —— 灰［uɐi］（"杯每媒灰蚘"）

　　　　　　　　　　　 —— 不規則變化：皆［uɐi］（"怪"）

　　［ĭwə］（合口三等）—— 尤［ĭəu］（"否婦尤久丘牛有又"）

　　　　　　　　　　　 —— 不規則變化：脂［wi］（"龜洧"）

　　董同穌先生的《漢語音韻學》裏對這種擬測上古韻母的方法有過很概括而又明確的說法。他說："至於每一個韻部內到底有幾個韻母，我們是根據它變入《切韻》的結果去推測的。如果有綫索可以證明若干中古韻母是由一個上古韻母在不同的條件下變出來的，那就可以說它們同出一源。如果沒有，暫時祇能假定它們在上古仍有分別。因爲就一般語音變化的例看，我們知道：在相同的條件下，音的變化不是可東可西的。"又說："上古音讀沒有直接可以引證的材料，現在是根據它們演變的結果，即《切韻》時代的音讀，與以合理的擬測。擬測出來的音讀，一方面要能解釋古語押韻或諧聲的現象，一方面要適合說明某音是如何演變爲後來的某音的。"[7]

　　此外，現代一些學者利用漢藏語系的研究成果與材料以構擬上古音系，這是一種新的探索，值得關注。

三、分歧與問題

現代古音學家擬測上古韻部系統，方法基本相同，結論却不一致，甚至可以説分歧很大。下面我們從主元音、韻尾和介音三個方面來談談各家擬測上古韻母系統的主要分歧與問題所在。

1. 上古韻部的主元音是單一的還是多元的。高本漢、陸志韋、董同龢等先生所擬測的上古韻部差不多每部都有兩個以上的主元音。如高本漢的第 20 部（之部）[8]：

êg——ăi（咍） wêg——uăi（灰 1/3）

——ǝu（侯）

æg——ăi（皆） wæg——wăi（皆）

i̯êg——i（之） ĭwêg——wi（脂少數字）

i̯ŭg——i̯ǝu（尤）

其中就有 [ê][æ][u] 三個主元音。又如他的第 24 部（支部）有 [ê][e] 兩個主元音；第 7 部（脂部）也有 [ê][E] 兩個主元音。這種擬測與我們對韻部概念的理解（即主元音和韻尾相同）是不相符的。高氏實際上是把韻部與韻攝混同起來了。試想同韻部的字主元音如不相同，那又怎樣押韻呢？我們知道，詩歌韻文押韻的主要特點是韻脚字的主元音和韻尾相同。而高本漢所擬測的，同韻部的字主元音往往不同，但有的不同韻部的字反而主元音相同或相近。這是很令人費解的。

王力先生的擬測則堅持了同一韻部祇有一個主元音的原則，其古韻三十部用了六個主元音，即 [u][o][ɔ][a][ǝ][e][9]，加上一個用作韻尾的 [-i]，共七個元音。這是符合傳統音韻學對韻部的理解的。遠在美國而又多年沒有聯繫的李方桂先生和王力先生不謀而合，也主張上古每個韻部祇有一個主元音，而且他的《上古音研究》祇用了四個主元音，即 [i] [u] [ə] [a]。周法高先生則更進一步，祇用了三個主元音（[ə] [a] [e]）。這是難以想象的，因爲在現代漢語方言裏至今還沒有發現某個方言的主元音竟然少到祇有三個的。現代藏語有 [i] [u] [e] [o] [a] 五個元音。蘇聯特魯別茨科依（N.Trubetzkoy）的《音位學原理》（1960，莫斯科）曾分析世界多種語言，瞭解到它們的元音數目一般在 3—10 個之間。

2. 關於韻尾的擬測

高本漢的上古韻部中，除了歌、魚、侯三部的部分字（如"歌我多也宜"、"古下家女"、"口斗主朱"），他的陰聲韻部都擬測爲收 [-b] [-d] [-g] [-r] 的，如：祭部 [ɑd, ɑt]，歌部 [ɑr]，至部 [ed, et]，對部 [əd, ət]，脂部 [ər]，魚部 [ɑg, ɑk]，支部 [eg, ek]，之部 [əg, ək]，幽部 [ŏg, ŏk]，宵部 [og, ok]，侯部 [ug, uk] 等.這樣與其所擬測的收 [-p] [-t] [-k] 尾的入聲韻部，形成了清、濁兩套塞音韻尾。於是在高本漢等人的筆下，上古漢語就基本上成爲一種沒有開音節的語言了。這怎麼可能呢？雅科布遜（R.Jakobson）在其《類型學研究及其對歷史比較語言學的貢獻》（1958）中說："某一種語言的擬測如和類型學所發現的通則發生矛盾，那麼，這種擬測是值得懷疑的。"他在分析了語言的普遍特徵之後認爲："世界上音節不以元音開頭或者音節不以輔音結尾的語言是有的，但音節不以輔音開頭或者音節不以元音收尾的語言是沒有的。"這是很正確的。若依高氏擬音，先秦古人發一聲長嘆"嗚呼"就變成了 [ɑgxɑg]，小孩"呱呱"啼哭就變成 [kwɑgkwɑg] 了。這是很可笑的，嚴重地脫離了漢語的實際情況。再說從現代方音來看，漢語的收尾塞音都是一種不破裂的唯閉音（implosive），怎能分辨出［-p］［-t］［-k］和［-b］［-d］［-g］的清濁區別呢？這正是由於高氏拘泥於歷史比較法原則的結果。但是在擬測古音韻尾這個問題上，中國和國外的許多學者基本上都同意高本漢的觀點與做法，像陸志韋先生甚至走得更遠。王力先生則從漢語的實際出發，祇爲上古韻部系統構擬一套清塞音韻尾，而用長短元音解釋陰、入通押的問題。

3. 關於介音的擬測

高本漢擬測的上古漢語韻部的主元音與韻尾都較複雜，而他的上古介音系統相對來說則比較簡單。即：合口用 u-（一等）、w-（二、三、四等），開合一二等無 i-介音，三等用 ǐ-，四等用 i-。與其中古音的介音系統差不多。王力先生的古音擬測，主元音較少，爲了區別每個韻部下的韻母問題，祇好從介音上想辦法。例如元部的構擬：

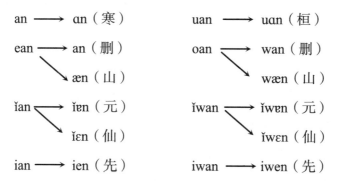

王力先生爲二等開、合口韻母構擬［e-］［o-］兩個介音不是完全沒有根據的，越南語裏就有［o-］介音，而與［u-］介音形成對立。例如：lua（稻穀）: loa（眨眼）; tua（拾）: toa（座）。但也不能說完全符合上古漢語的實際，因爲擬測本是一種科學的假設。古人已經死了，沒有辦法進行調查記錄。祇要求是否能説明問題，是否能幫助我們解釋語音演變的規律，是否能自圓其説。總之，上古音的擬測還是一個需要進一步探索、研究的問題。

下面介紹王力先生的古韻三十部的擬音（主元音與韻尾）：

陰聲		入聲		陽聲	
無韻尾	之部 [ə]	韻尾 -k	職部 [ək]	韻尾 -ŋ	蒸部 [əŋ]
	支部 [e]		錫部 [ek]		耕部 [eŋ]
	魚部 [a]		鐸部 [ak]		陽部 [aŋ]
	侯部 [ɔ]		屋部 [ɔk]		東部 [ɔŋ]
	宵部 [o]		藥部 [ok]		
	幽部 [u]		覺部 [uk]		冬部 [uŋ]
韻尾 -i	微部 [əi]	韻尾 -t	物部 [ət]	韻尾 -n	文部 [ən]
	脂部 [ei]		質部 [et]		真部 [en]
	歌部 [ai]		月部 [at]		元部 [an]
		韻尾 -p	緝部 [əp]	韻尾 -m	侵部 [əm]
			盍部 [ap]		談部 [am]

至於每個韻部的韻母及其與中古《切韻》音系的對應關係則可參看《漢語史稿》（上冊）第十三節至第十五節或《漢語語音史》卷上第一章"先秦 29 韻部例字表"。

最後談談關於遠古時代或原始漢語語音系統的擬測問題。

近二十餘年來國外一些學者對研究原始漢語特別是擬測它的語音系統引起很大的興趣。如美國的包擬古（N.C.Bodman）、張琨與貝蒂張夫婦、楊福綿、白保羅（Paul K.Benedict）、馬提索夫（J.A.Matisoff）、羅傑瑞（J.Norman）、余靄芹（Anne Hashimoto），加拿大的蒲立本（E.G.Pulleyblank）和日本的橋本萬太郎（Hashimoto）等。他們一般認爲《切韻》是個綜合體系，在它的基礎上擬測單一的《詩經》音系是不科學的。他們主張拋開傳統的《切韻》音系和《詩經》音，直接從現代漢語方音入手或通過對漢藏語言的比較去進行研究。這些學者多出自美國普林斯頓大學，於是這種從現代方言出發去構擬所謂原始漢語的人被稱爲普林斯頓學派。他們的做法是這樣的：依據中國漢語方言分爲七個大區，即七大方言群，首先分別普遍進行調查或選擇典型調查每個方言群的若干方言點，在此基礎上再運用歷史比較法擬測各方言的原始語（proto-languages），如原始閩語、原始粵語、原始吳語、原始客家語、原始湘語、原始贛語、原始官話等等。下一步就是要在原始閩語、原始粵語等基礎上再構擬一個全面的更古的原始漢語（proto-Han）來。但在他們看來，這種全面的原始漢語又不是一個統一的、內部一致的語言，而是帶有內部變異的若干種歷時系統。這種原始系統（protosystem）的某些特徵用傳統音韻學方法是構擬不出來的。因爲這些特徵僅僅存在於一些邊遠的方言群如閩方言那樣。這就是普林斯頓學派的主要觀點。

這個學派的代表人物的代表著作有如羅傑瑞的《兩個原始閩方言的塞音聲母和聲調》（1968）、《原始閩語的聲母》（1974），白勞德（W.L.Bellord 的《原始漢語：塞擦音初探》（1968）、《原始湘語及其他》（1970），司徒修（H.M.Stimson）的《漢語原始北方話的研究》（1969），余靄芹的《原始粵語的輔音和複輔音》（1970）、歐柯諾（K.A.O'connor）的《原始客家話》（*Proto-hakka*）、張琨和貝蒂張的《原始漢語的韻母系統與〈切韻〉》（1972）、包擬古的《原始漢語與漢藏語》（1980）、楊福綿的《現代漢語方言中的前綴 kê-與原始漢語》等。

　　我們認爲，參考與運用現代方言和漢藏系語言的研究成果以探索原始或遠古漢語語音系統，這是有意義的；將構擬的原始或遠古漢語看作是現代各地方言的祖先，並假定它與漢藏系其他語言存在發生學上的關係，這也是可能的，都值得進一步研究。但是絕不能拋開反映漢語歷史的豐富的傳統文獻資料（包括《切韻》系韻書），否則是難以置信的，也是很危險的。

注釋

［１］　各地方言的讀音一般據北京大學中文系語言學教研室編《漢語方音字彙》（第二版重排本），語文出版社，2003 年。下同。

［２］　參看王力《漢語史稿》及《漢語語音史》。

［３］　參看唐作藩《音韻學教程》（第五版）第三章第八節，北京大學出版社，2016 年。

［４］　章炳麟《國故論衡·音理論》。

［５］　載《國學季刊》第一卷第二號，1923 年。

［６］　載《師大月刊》師大三十二周年紀念專號，1934 年。

［７］　董同龢《漢語音韻學》，臺北文史哲出版社，1979 年五版，266 頁。

［８］　高本漢《中上古漢語音韻綱要》，聶鴻音譯，齊魯書社，1987 年。

［９］　王力《漢語史稿》（上册）幽部作［əu］，宵部作［au］，祇有五個主元音，即［ə］［u］［o］［a］［e］。又王力《漢語語音史》34 頁，中國社會科學出版社，1985 年。

主要參攷文獻

王 力《先秦古韻擬測問題》,《北京大學學報》(人文社科版), 1964 年第 5 期。又收入《王力文集》第 17 卷,山東教育出版社,1989 年。

王 力《漢語史稿》(上冊),科學出版社,1957 年。

李方桂《上古音研究》,商務印書館,1980 年。

高本漢《中上古漢語音韻綱要》,聶鴻音譯,齊魯書社,1987 年。

第四節　上古漢語的聲調

　　上古漢語的聲調問題，古音學者的觀點一直很分歧，直到現在還没有一個比較一致的看法。在明清之際即討論古音的初期，一般以爲先秦漢語是没有聲調的。比如陳第就認爲"四聲之辨古人未有"，"四聲之分起自江左"[1]。陳第說，"時有古今，地有南北"，不能因爲南北朝時代已有四聲，就認爲先秦也有聲調的分別。古代没有聲調正是古今音不同的表現。陳第的這種推論表面上有一定的邏輯性，實際上是不對的。據現有史料記載，漢語裏平上去入四聲的發現和名稱確是從六朝才開始的。南齊沈約（441—513）著有《四聲譜》。又《南史·陸厥傳》云："汝南周顒善識音韻，爲文皆用宫商，以平上去入爲四聲。"因此過去不少人以爲四聲之辨是沈約、周顒等人發明的。這種説法是不正確的。我們可以認爲漢語裏的四聲分辨，可能是從這個時期才由沈約等人發現的。但絶不是起自"江左"。因爲任何一種語言的基本要素與特點，都不是突然產生的，更不可能是個別人創造出來的。聲、韻、調是漢語語音的三個基本要素，都是在歷史的長河中形成的。我們現在雖然難以肯定，聲調即以音高別義是否即漢藏系語言的原始特徵，但我們現在所知的漢藏系諸語言大多數是有聲調的，而與漢語比較接近的壯侗語族、苗瑶語族，它們的聲調系統更有類似中古漢語的特點，即四聲八類，對應關係較爲明顯。

　　大家知道，印歐語系諸語言之間關係都比較密切。它們各語族語言的分化歷史不太長，研究得比較清楚，一般都比較瞭解。所謂"原始共同印歐語"據推測至今大約三千多年。而漢藏系諸語族語言之間的關係就不那麼明顯，因爲它們分化的時間要早得多。漢語從漢藏語系中分化出來的時間至少是在記錄漢語的漢字產生之前，那也就有五千年以上了，更不用說原始漢藏語的悠久歷史了。單就漢語來看，聲調作爲漢語的基本特點，可以猜想當在甲骨文時代即殷商之前就已具備了。我們說上古漢語是有聲調的語言在理論上是講得通的，更何況從《詩經》的押韻來看，上古確實已存在聲調的分別。例如第一首《周南·關雎》：

關關雎<u>鳩</u>，在河之<u>洲</u>。窈窕淑女，君子好<u>逑</u>。
參差荇菜，左右<u>流</u>之。窈窕淑女，寤寐<u>求</u>之。
求之不<u>得</u>，寤寐思<u>服</u>。悠哉悠哉，輾轉反<u>側</u>。
參差荇菜，左右<u>采</u>之。窈窕淑女，琴瑟<u>友</u>之。
參差荇菜，左右<u>芼</u>之。窈窕淑女，鐘鼓<u>樂</u>之。

　　這首詩的一章和二章前四句是平聲字"鳩""洲"與"逑"、"流"與"求"相押；二章後四句是入聲字"得""服""側"相押；三章是上聲字"采"與"友"相押；而四章則是去聲字"芼"與入聲字"樂"相押。這表明《詩經》基本上也是遵循同調相押的原則。一章之内押韻的韻脚不僅同屬一個韻部，而且同屬一個調類。如進一步全面考察一下《詩經》的押韻，我們還會發現同一個字在一般情況下也經常是和同一調類的字相押。如"求"字，這裏與"流"相押，在《周南·漢廣》一章（"南有喬木，不可休思。漢有游女，不可求思。"）又與"休"相押，在《小雅·常棣》二章（"原隰裒矣，兄弟求矣。"）又與"裒"相押，在《小雅·桑扈》四章（"兕觥其觩，旨酒思柔。彼交匪敖，萬福來求。"）又與"觩、柔、敖"等相押。這都是平聲字。又如上聲"友"字，這裏與"采"相押,在《邶風·匏有苦葉》三章("招招舟子,人涉卬否。人涉卬否,卬須我友。")又與"子、否"相押,在《小雅·六月》六章("吉甫燕喜,既多受祉。來歸自鎬,我行永久。飲御諸友,炰鱉膾鯉。侯誰在矣,張仲孝友。")又與"喜、祉、久、鯉、矣"等上聲字相押。這都不是偶然的。而且上古聲調與後代聲調如《切韻》音系的四聲存在不少共同點,當然,也有不一致的地方。

上古有無聲調的問題之所以產生,正是由於人們從後代四聲的角度去觀察《詩經》用韻,發現上古有些字的調類跟後代不一樣,因而產生了懷疑。例如《小雅·天保》四章:

吉蠲為饎,是田孝享。禴祠烝嘗,于公先王。君曰卜爾,萬壽無疆。

其韻腳上聲"享"字與平聲"嘗、王、疆"相押。除了"享"字,在《詩經》裏還有"饗""顙"等後代念上聲的字常和平聲字相押。另如"慶""訟""震""憲""患""化"等後代念去聲的字,在《詩經》裏也常和平聲字押韻。如《小雅·六月》五章:

戎車既安,如輊如軒。四牡既佶,既佶且閑。薄伐玁狁,至于大原。文武吉甫,萬邦為憲。

而後代念去聲的字在《詩經》裏更有不少經常和入聲字相押。除了上文所舉的《周南·關雎》中的"芼"字,又如"夜、射、戒、路、奏、數、代、意、富、易、帝、告、泰、大、氣"等等。這種情況如果完全從後代四聲的角度來考察,自然會感到很紊亂。所以陳第等人由此否定上古聲調的存在。但這是不符合客觀事實的。

　　清代古音學家一般認爲上古是有聲調的。但上古的聲調究竟是怎麼一回事？各家又有不同的看法。比如顧炎武認爲上古跟後代一樣也有平、上、去、入四聲，衹是古人用韻較寬，"四聲可以並用"，故主張"四聲一貫"説[2]。江永也同意顧氏的這種觀點。但隨着古音研究的深入，後來的學者都不滿意"四聲一貫説"。段玉裁開始察覺到古今聲調的不同。他説："古四聲不同今韻，猶古本音不同今韻也。考周秦漢初之文，有平、上、入而無去。"[3]他主張上古衹有三個聲調：平、上、入。這就是因爲他看到先秦韻文裏去聲字經常和入聲字相押，而且形聲字去、入又多相諧。如"試"從式聲，"室"從至聲，"路"從各聲，"暮"從莫聲。不過，根據這同一現象，孔廣森却得出上古衹有平、上、去三聲而無入聲的結論。他説："入聲創自江左，非中原舊讀"。[4]他還認爲上古去聲分長、短，短去後來變爲入聲。近人章炳麟也有類似孔氏的看法。章氏認爲上古衹有收[-p]一類的入聲而無收[-t][-k]的入聲[5]。而黃侃則主張上古衹有平、入二聲而無上、去[6]。這實際上也是否定了上古聲調的存在。

　　在清代學者中，王念孫和江有誥則明確提出古代有不同於後代的平、上、去、入四聲。江有誥在致王念孫的信中説："有誥初見，亦謂古無四聲説，載初刻凡例。至今反復紬繹，始知古人實有四聲。特古人所讀之聲與後代不同。……此亦如二十一部之分了然不紊，而亦間有通用、合用者，不得泥此以窒其餘也……有誥因此撰成《唐韻四聲正》。"王念孫復信認爲江氏的意見"與鄙見幾如桴鼓相應，益不覺狂喜。顧氏四聲一貫之説，念孫向不以爲然。"他的《古韻譜》所分四聲與江有誥相同，所以他説："既與尊書大略相同，則鄙著雖不刻可也。"[7]夏炘也同意他們這種主張，而且從理論上加以闡發。他說："四聲出於天籟，豈有古無四聲之理！……觀《三百篇》中，平自韻平，仄自韻仄，劃然不紊。其不合者，古人所讀之四聲，有與今人不同者也。"又說："大抵後人多以《唐韻》四聲求古人，故多不合，而遂疑古無四聲，非通論也。古四聲有獨用，有通用。通用者若十七部之合。又《廣韻》之兩收、三收者是也。知其所以分，又知其所以合，然後可以無疑於古有四聲之說也。"[8]

王力先生在《漢語史稿》（上冊）裏提出一個新的主張。他認爲上古聲調首先分爲舒、促兩大類，這兩類又各分爲長、短兩小類。王先生說："先秦的聲調除了以特定的音高爲其特徵外，分爲舒促兩大類，但又分爲長短。舒而長的聲調就是平聲，舒而短的聲調就是上聲。促聲不論長短，我們一律稱爲入聲。促而長的聲調就是長入，促而短的聲調就是短入。"[9]王力先生的這一主張也是受到段玉裁的啓發。段氏曾說："古音平、上爲一類，去、入爲一類。上與平一也，去與入一也。"[10]因爲從《詩經》用韻來看，平、上多兼叶，去、入多兼叶。又從諧聲關係來看，平、上常相通（如褒從保聲，雌從此聲，脂從旨聲，高聲有稿，羊聲有庠等），去、入常相通（置從直聲，路從各聲，例從列聲，告聲有酷，害聲有轄等）。再者古書中還有所謂"長言""短言""急言""緩言"的說法。例如《公羊傳·莊公二十八年》："春秋伐者爲客，伐者爲主。"何休注："伐人者爲客，讀伐長言之，齊人語也；見伐者爲主，讀伐短言之，齊人語也。"這就是說，上古漢語至少在某些方言裏，不僅以音高，而且還以音長爲聲調的重要因素。馬學良和羅季光二位先生在上世紀60年代初曾發表《我國漢藏語系語言元音的長短》一文，用大量的材料證明主元音分長短是漢藏語系的重要特徵之一[11]。由此他們推測現代漢語及各地方言一般雖無元音長短之別[12]，但中古漢語，特別是上古漢語肯定有長短元音的分別。這是很有意思的。元音的長短和聲調的高低畢竟是兩回事。袁家驊先生也主張上古漢語的元音分長短，但他是在否認上古有聲調的前提下提出這一看法的[13]。還有些學者如奧德里古爾(Haudricourt, 1954)、蒲立本(Pulleyblank,1962)、梅祖麟(1970)、沙加爾(Sagart 1986)、鄭張尚芳(1994)等認爲中古的四聲是由上古的韻尾轉化而來的，即上聲來自[-q]或[-ʔ]，去聲來自[-s]或[-h]，入聲來自[-b][-d][-g]或[-G]，平聲則無這些韻尾。但丁邦新(1981)與徐通鏘(1998)對此提出質疑。總之這是值得進一步探討的問題。

我們認爲王力先生的上述主張是比較合乎實際的，即上古聲調首先分爲平、入兩類，又各分爲舒、促二聲，也就是長平、短平、長入、短入四聲。到了中古《切韻》時代發展爲平、上、去、入四聲，《切韻》四聲與《詩經》聲調是一脉相承的。近年通過對《詩經》297首、1134章有韻詩篇共1755個韻段的同調相押與異調相押材料進行分析、統計和研究，我提出了上古漢語有平、上、去、長入、短入五個聲調的意見，對王力先生的上古聲調學説有所補訂[14]。主要是去聲是否自成一類。

在《詩經》的1755個韻段中，平聲字相押的有829個韻段，上聲字相押的有294個韻段，入聲字相押的有261個韻段，去聲字相押的最少，祇有95個韻段，共計1479個韻段，約占全部韻段的84.3%。四聲的獨立性是很明顯的。其餘276個都是各調之間互相通押的。其中去聲字與其他三聲互押的較多：平去互押58次，上去互押47次，平上去互押21次，而去入互押52次。據我們統計，《詩經》裏入韻的去聲字共有224個，其中陽聲韻字34個(主要是元部字)，用韻49次，不與入聲發生關係；陰聲韻部字 99 個，用韻 208 次（獨用互押 83 次，與平、上聲字相押 98 次，與入聲字相押 27 次）；而歸屬上古入聲韻部的字 91 個，用韻 204 次（獨用相押 131 次，與平、上聲字相押 28 次，與入聲字相押 45 次）。從上述的統計分析情況來看，《詩經》時代的去聲字雖然還比較少，但其獨立性還是很強的。而那些經常和入聲字相押的、王力先生歸屬入聲韻部的大部分去聲字則可看作長入。這就是説，上古聲調仍是以音高爲主要機制，包括陰、陽聲韻部中的平、上、去聲的區別；音長衹在入聲韻部中起作用。所以我們主張上古音系有五個聲調，即平聲、上聲、去聲和長入、短入。此五聲不同於王國維先生的"五聲説"[15]。

注釋

[1] 參看陳第《讀詩拙言》。"江左"本是地理概念，指長江下游一帶，但由於南北朝時的南朝在江左，所以又用以指稱南北朝時代。

[2] 參看顧炎武《音學五書》中《音論》與《唐韻正》。

[3] 參看段玉裁《六書音均表》中《今韻古分十七部表第一》"古四聲説"。

[4] 參看孔廣森《詩聲類》。

[5] 參看章炳麟《國故論衡》。

[6] 參看黄侃《音略》。

[7] 江有誥《音學十書·唐韻四聲正》"再寄王石臞先生書"及"石臞先生復書"。

[8] 夏炘《古韻表集説》（下），又《述韻》。

[9] 王力《漢語史稿》（上冊）第二章第十一節。

[10] 段玉裁《六書音均表》中表第一"古四聲説"。

[11] 載《中國語文》第五期。又陳其光在《民族語文》1979 年第 1 期發表的《苗瑶語入聲的發展》一文裏也曾指出"現代苗語、瑶語中還有長入、短入之別"。

［12］ 但廣州話裏則可能有長、短元音的分別，如街［kai］與鷄［kɐi］，找［tʃau］與帚［tʃɐu］，販［fan］與份［fɐn］等。

［13］ 參看袁家驊《漢藏語聲調的起源和演變》，載《語文研究》1981年第2期。

［14］ 參看唐作藩《上古漢語有五聲説》，《語言學論叢》第三十三輯，2006年。

［15］ 參看王國維《觀堂集林》卷八；又王力《清代古音學》第十三章 總結（五）聲調問題（7）"古有五聲説"。

主要參考文獻

王 力《漢語史稿》（上册）第二章第十六節《上古聲調的發展》，科學出版社，1957年。

王 力《古無去聲例證》，載南開大學《語言研究論叢》，1980年；又收入《王力文集》第17卷，山東教育出版社，1989年。

周祖謨《古音有無上去二聲辨》，《問學集》（上册），中華書局，1966年。

平山久雄《漢語聲調起源窺探》，《語言研究》1991年第1期。

唐作藩《上古漢語有五聲説——從〈詩經〉用韻看上古的聲調》，《語言學論叢》第三十三輯，商務印書館，2006年。

練習三

一、圈出下列《詩經》篇章中的韻脚，並注出它們所屬的韻部：

1. 《衛風・氓》一章　　2. 《衛風・碩人》三章

3. 《召南・行露》二章　　4. 《召南・甘棠》一、二、三章

5. 《邶風・北門》二章　　6. 《邶風・燕燕》四章

7. 《邶風・谷風》四章　　8. 《豳風・東山》一章

9. 《豳風・七月》五章　　10. 《小雅・節南山》十章

二、抄錄上古三十韻部，各舉十個常用例字（或聲符）。

三、查出下列各字的《廣韻》聲韻等呼和聲調，構擬它們的中古與上古讀音：

1. 夫　慶　宜　埃　中　江　田　雲　季　朱　晚　川　玉　木　入　武

2. 做練習者自己的姓名。

四、分析下列的聲符，並比較本字與聲符的上古聲母、韻部的異同：

池　裘　巷　寶　篤　徒　哀　原　暉　夜　道　筆

第三章　從上古到中古漢語語音系統的發展

第一節　《切韻》音系與中古漢語語音系統

　　《切韻》與《唐韻》《廣韻》都屬於同一系統的韻書。它們的聲、韻、調系統基本一致，所反映的語音性質相同。這方面的内容和問題我們在《音韻學教程》裏已作爲重點討論過。這裏不再對《切韻》系韻書的體例、内容及其研究方法做重復的講解了。但有一個問題還需要進一步明確一下，這就是：《切韻》音系亦即《廣韻》音系能否作爲中古音系的代表？這也就是《切韻》系韻書的性質問題。如果不以《切韻》爲依據，那麼中古音系又應建立在什麼基礎之上呢？本節就討論這個問題。

　　關於《切韻》的性質，歷來有不同的看法。20世紀50年代末60年代初在《中國語文》上曾展開熱烈的討論，不同意見交鋒過，但一直未取得一致的看法，恐怕還要長期地爭論下去的。

　　我們在《音韻學教程》裏也曾談過我們對《廣韻》性質的意見。本節從漢語語音史角度，聯繫中古音系問題來專題討論一下。

　　關於《切韻》系韻書的性質問題，我們可以從以下三個方面來認識。

　　首先從《廣韻》卷首所載陸法言的《切韻》"序言"來看。這是一篇很重要的音韻學論文，篇幅不長，五百餘字，但内容豐富。序中説明了

《切韻》這部書的編纂過程及編寫目的和原則[1]。陸法言當時還年輕，記錄了隋文帝開皇初年他父輩八九位文人學者（也多是職位不低的官吏）通過集體討論而商定的一個大綱；十餘年之後即仁壽元年（公元601年），陸法言又參照當時流行的各種韻書、字書和他自己對各地方音的理解編纂而成書。據此可以瞭解，他們的目的不衹是"廣文路"，即不僅爲創作韻文用韻，"自可清濁皆通"，而主要是"賞知音"，"即須輕重有異"。所以他們要"論南北是非，古今通塞"，進行語音分析。一般來説，他們認爲各地或各種韻書能分辨的音就是"是"和"通"，否則就是"非"與"塞"。他們的做法就是"剖析毫釐，分別黍累"，做到儘可能的分辨。所以陸法言的《切韻》"序"清楚地表明，《切韻》四聲分韻一百九十三個（後來《廣韻》分206韻）以及它的反切系統不是單純的某一個地方的語音系統；其中不僅有方音成分，而且包含有魏晋以來的古音成分。正如章炳麟所指出的《切韻》是一部"兼有古今方國之音"的韻書。

其次，根據同時代的文獻材料即南北朝後期至隋唐間的音韻資料來考察。比如顏之推（531—?）的《顏氏家訓·音辭篇》。顏之推是《切韻》的主要作者之一（《切韻》"序"中曾指出，"蕭、顏多所決定"）。這篇《音辭篇》也是中國音韻學史上一篇重要論文。其中討論了不少語音問題。試以其中有關部分，與《切韻》做一比較，可以看出，《切韻》音和當時南北方音的某些具體差異。如《音辭篇》說："則南人以'錢'（引者注：《廣韻》昨仙切，從母仙韻。下同）爲'涎'（夕連切，邪母仙韻），以'石'（常隻切，禪母昔韻）爲'射'（神夜切，船母禡韻，又羊益切，喻母昔韻），以'賤'（才線切，從母線韻）爲'羨'（似面切，邪母線韻），以'是'（承紙切，禪母紙韻）爲'舐'（神紙切，船母紙韻）；北人以'庶'

（商署切，書母御韻）爲'戍'（商遇切，書母遇韻），以'如'（人諸切，日母魚韻）爲'儒'（人朱切，日母虞韻），以'紫'（將此切，精母紙韻）爲'姊'（將几切，精母旨韻），以'洽'（侯夾切，匣母洽韻）爲'狎'（胡甲切，匣母狎韻）。如此之例，兩失甚多。……北人之音多以'舉、莒'（居許切，見母語韻）爲'矩'（俱雨切，見母麌韻），唯李季節云齊桓公與管仲於臺上謀伐莒，東郭牙望桓公口開而不閉，故知所言者莒也；然則'莒''矩'必不同呼。此爲知音矣。"又説："河北切'攻'字爲'古琮'（《廣韻》冬韻，古冬切），與'工、公、功'三字（《廣韻》東韻，古紅切）不同，殊爲僻也。"從顔之推的文章引例中可以得知，當時南方的語音於從、邪兩聲母已相混，而《切韻》系韻書則據北方音分開了；相反，北方一些方音已不分魚、虞，不分支、脂，不分洽、狎，而《切韻》系韻書則據南方語音予以分開了。至於"攻"字，顔氏認爲河北讀入冬韻，而不讀同東韻的"工"等字也太生僻了。這就是説，當時黄河以北的某些方言裏不僅東、冬有别，而且還將可以歸入東韻的"攻"字（《廣韻》又有古紅切一讀）也讀入冬韻了。顔氏在指出當時南北方音差異的例證之後，又分析其原因説："南方水土和柔，其音清舉而切詣，失在浮淺，其辭多鄙俗；北方山川深厚，其音沉濁而鈋鈍，得其質直，其辭多古語。"[2]可見顔之推亦甚清楚古語古音保存在方言之中。

又如隋唐時曹憲（揚州江都人）著《博雅音》。他繼承孫炎（三國魏時樂安即今山東博興人，著《爾雅音義》）、郭璞（276—324，東晉聞喜即今山西聞喜人，著《爾雅音》）、李軌（東晉江夏即今湖北雲夢人，著《周易音》《周禮音》等）、徐邈（？—397，東晉東莞姑幕即今山東諸城人，著《五經音》）、劉昌宗（東晉人，著《三禮音》）等爲古籍注音的傳統，用直音與反切及比況等方法並利用魏晉以來的韻書、字書的注音材料，爲《廣雅》（因避隋煬帝楊廣之諱改名《博雅》）注音。據黃典誠先生研究[3]，其音系與《切韻》音系基本一致，也是一種讀書音。

再如，從宋濂跋本王仁煦（唐中宗時人）《刊謬補缺切韻》韻目下的小注來看，可知《切韻》裏確實適當地吸取了早期韻書中所反映的某些成分。比如《切韻》元、魂（痕）分韻，而《刊謬補缺切韻》於元韻下注云："陽、夏侯、杜'與魂同'，呂別，今依呂。"[4] 又真韻下注云："呂與文同，夏侯、陽、杜別，今依夏侯、陽、杜。"又殷韻下注云："陽、杜與文同，夏侯與臻同，今並列。"可見，《切韻》作者在參考諸家的韻書時，就看誰家能分，則依從誰家。

第三，拿當時詩文用韻的實際情況與《切韻》音系做比較，可以考察它們的異同。王力先生曾著有《南北朝詩人用韻考》一文[5]。據他的研究，南北朝的詩人用韻可分爲三個時期：第一期，公元4—5世紀，代表人物是何承天（370—447，山東人）、顏延之（384—456，山東人）、謝靈運（385—433，河南人）、謝惠連（397—433）、謝莊（421—466）、鮑照（405—466，山東人）等；第二期，公元5—6世紀，代表人物有沈約（441—513，浙江人）、江淹（444—505，河南人）、謝朓（464—499，河南人）、王融（468—494，山東人）等；第三期，公元6—7世紀，代表人物有徐陵（507—583，山東人）、庾信（513—581，河南南陽新野人）、王褒（519—594，河南蘭考人）、江總（513—576，河南蘭考人）、顏之推（531—？）、盧思道（？）、薛道衡（540—609，山西人）等。各期詩人的用韻特點如下表：

第一期	第二期	第三期
東冬鍾江混	東不與冬鍾混	江歸陽唐
支脂之三分	脂之同用	脂之同用
魚虞模混	虞模不與魚混	虞模不與魚混
歌戈麻混	歌戈不與麻混	歌戈不與麻混
真（諄臻）殷分	殷與真（諄臻）同用	殷與真（諄臻）同用

唐代詩人的用韻，同樣反映了《切韻》音系的複雜性。例如初唐四傑（盧照鄰、駱賓王、王勃、楊炯）[6]，虞模不分，但與魚有別；脂之不分而與支不相押；真諄臻殷混，而和文分。盛唐之後，詩人用韻又有變化。如杜甫的近體詩[7]魚與虞模分用（三韻共用 60 次，其中魚獨用 26 次，虞獨用 2 次，模獨用 3 次，虞模同用 26 次；而魚與虞模同用僅 3 見）；支與脂之微分用；東與冬鍾分用。但其古體詩魚虞模同用（三韻共用 23 次，其中魚獨用 5 次，虞獨用 1 次，虞模同用 10 次，而魚虞模同用 7 次）；支脂之微同用；東冬鍾同用。一般來說，詩人古體詩用韻比近體詩更反映口語的實際。至於釋家詩人如王梵志、寒山子等[8]的詩歌用韻更爲自由，更能反映當時口語的實際。

以上三方面的事實表明，《切韻》音系並非單純的一時一地之語音實錄，即不完全反映當時的口語實際，而是綜合了古今南北語音的一些特點。有人說，《切韻》音系太複雜，其分韻，分韻類、韻母太細（無論《切韻》的 193 韻、293 韻類、140 餘韻母或《廣韻》的 206 韻、320 餘類、150 餘韻母），古今都沒有一個方言有如此複雜的音系。這話是有道理的。但是，我們也不能同意那種指責《切韻》音系是一種完全脫離實際的、人爲的大雜燴的觀點。因爲《切韻》音系畢竟是一個內部統一的、完整的語音系統。拿它來和上古音或近、現代音進行比較，可以看出它具有明顯的時代特點。比如《切韻》的麻韻字，在上古分屬於魚、歌兩部，而在近代以後又演變爲家麻和車遮兩部；現代的車遮又分化爲乜斜和歌戈兩韻。又如《切韻》的支、脂、之三韻與上古的支、脂、之三部的內涵也很不相同。《切韻》的分韻與當時（南北朝至隋唐）的韻文用韻雖有差異，但其大類還是相當一致的，祇有寬嚴的分別。也就是說，《切韻》仍然在很大的程度上反映了當時的實際語音。所以我們認爲《切韻》音系是以當時共同語的基礎方言（即中原汴洛話）爲基點並吸收一些古今南北方音成分的一個語音系統。猶如早期的"國語音"，既分尖團，又有"万〔v〕""ㄋ〔n〕"等聲母，甚至還有入聲，但它還是以北京話語音爲基礎的。

既然《切韻》具有這種綜合的性質和特點，那麼，我們可以在它的基礎上，參照南北朝至隋唐之間的詩文用韻，歸納出一個中古時期的韻部系統來。下面是我們根據齊梁至隋代詩文用韻歸納出來的中古前期的四十三韻部：

陰聲韻	陽聲韻	入聲韻
1. 支	14. 真（諄臻）	29. 質（術櫛）
2. 之（脂）	15. 文（欣）	30. 物（迄）
3. 微	16. 元（魂痕）	31. 月（沒）
4. 魚	17. 寒（桓刪）	32. 曷（末）
5. 模（虞）	18. 先（先山）	33. 屑（薛黠）

6. 齊（祭）	19. 東	34. 屋
7. 皆（佳夬廢泰）	20. 冬（鍾）	35. 沃（燭）
8. 咍（灰）	21. 江	36. 覺
9. 宵（蕭肴）	22. 陽（唐）	37. 鐸（藥）
10. 豪	23. 耕（庚清）	38. 麥（陌昔）
11. 歌（戈）	24. 青	39. 錫
12. 麻	25. 蒸（登）	40. 職（德）
13. 侯（尤幽）	26. 侵	41. 緝
	27. 談（覃銜）	42. 合（盍狎）
	28. 鹽（添咸嚴凡）	43. 葉（帖洽業乏）

王力先生的《漢語語音史》分魏晋南北朝時期爲 42 部（其中陰聲韻 12 部，入聲韻 15 部，陽聲韻 15 部），隋至中唐爲 50 部（其中陰聲韻 14 部，入聲韻 18 部，陽聲韻 18 部）。王力先生在《漢語音韻》裏根據《廣韻》韻目下所注同用獨用例，歸納爲 54 個韻部和 107 個韻母[9]。

關於中古的聲母系統，根據《廣韻》的反切上字歸納出來的三十五個聲母亦大致可以作爲代表[10]。這就是：

唇音：　幫 [p]　　滂 [p']　　並 [b]　　明 [m]

舌音：　端 [t]　　透 [t']　　定 [d]　　泥 [n]　　來 [l]

　　　　知 [ṭ]　　徹 [ṭ']　　澄 [ḍ]

齒音：　精 [ts]　　清 [ts']　　從 [dz]　　　　　　心 [s]　　邪 [z]

　　　　莊 [tʃ]　　初 [tʃ']　　崇 [dʒ]　　　　　　生 [ʃ]

　　　　章 [tɕ]　　昌 [tɕ']　　船 [dʑ]　　日 [ŋz]　　書 [ɕ]　　禪 [ʑ]

牙音： 見[k] 溪[k'] 群[g] 疑[ŋ]

喉音： 影[ø] 曉[x] 匣[ɣ] 喻[j]

至於中古的聲調系統，亦可根據《切韻》系韻書，分爲平、上、去、入四個調類。

注釋

［1］［10］參看《音韻學教程》（第五版）第三章第二節，北京大學出版社，2016年。

［2］北齊顏之推著，王利器集解《顏氏家訓集解》，上海古籍出版社，1980年。

［3］黄典誠《曹憲〈博雅音〉研究》，《音韻學研究》第二輯，中華書局，1986年。

［4］"陽"指陽休之（509—582，北齊、北周右北平即今天津薊縣人）所著《韻略》；"夏侯"指夏侯詠（南朝譙郡即今安徽亳州人）的《韻略》；"杜"指杜臺卿（南齊至隋陽曲即今河北定縣人）的《韻略》；"吕"指吕静（西晋任城即今山東濟寧市人）的《韻集》。

［5］載《清華學報》第十一卷第三期，1936年；又收入《王力文集》第18卷，山東教育出版社，1991年。

［6］李維一、曹廣順、喻遂生《初唐四杰詩韻》，《語言學論叢》第九輯，1982年。

［7］張世禄《杜甫與詩韻》，《復旦大學學報》1962年第1期。收入《張世禄語言學論文集》，學林出版社，1984年。

［8］劉麗川《王梵志白話詩的用韻》，《語言論集》第二輯；中國人民大學出版社，1984年；若凡《寒山子詩韻》，《語言學論叢》第五輯，1963年。

［9］王力《漢語語音史》，中國社會科學出版社，1985年，收入《王力文集》第10卷；《漢語音韻》，中華書局，1963年，收入《王力文集》第5卷。

主要參考文獻

周祖謨《唐五代韻書集存》，中華書局，1983年。

李　榮《切韻音系》，科學出版社，1956年。

邵榮芬《切韻研究》，中國社會科學出版社，1982年。

周祖謨《切韻的性質和它的音系基礎》，《語言學論叢》第五輯，商務印書館，1963年。

《中國語文》關於《切韻》性質問題的討論，載1961年第4、9期，1962年第2、10、12期。

方孝岳、羅偉豪《廣韻研究》，中山大學出版社，1988年。

張渭毅《中古音論》，河南大學出版社，2006年。

第二節　中古聲母系統的發展

　　中古漢語聲母系統的演變，我們拿上古三十二聲母和《切韻》反切上字所反映的中古三十五個聲母加以比較，就可以看出來。其間的明顯變化有三個方面，即：（一）舌音的分化。上古舌頭音端［t］、透［tʻ］、定［d］三母分化爲中古的端［t］、透［tʻ］、定［d］和知［ȶ］、徹［ȶʻ］、澄［ȡ］；（二）舌音的章組聲母中的章、昌、船、日四母的音值發生了變化，即由舌面塞音［ȶ］［ȶʻ］［ȡ］［ɲ］演變爲舌面塞擦音［tɕ］［tɕʻ］［dʑ］［nʑ］；（三）喻四（或稱以母）的音值由舌面邊音［ʎ］演變爲半元音［j］。其他唇音幫［p］、滂［pʻ］、並［b］、明［m］，齒音精［ts］、清［tsʻ］、從［dz］、心［s］、邪［z］，莊［tʃ］、初［tʃʻ］、崇［dʒ］、生［ʃ］，牙喉音見［k］、溪［kʻ］、群［g］、疑［ŋ］、曉［x］、匣［ɣ］、影［ø］等都未發生變化。

　　不過，我們研究語音的發展變化，還必須注意它們的歷史背景、社會條件和歷史條件的問題。這就是說，漢語的聲母系統爲什麼從上古到中古會發生了變化？爲什麼舌音的變化比較大？它的演變分化的條件是什麼？這些都是我們研究漢語語音史應當注意探討的問題。

　　中古時期是從魏晉到隋唐（即公元 3 世紀到 9 世紀），約有六七百年。如果從先秦《詩經》時代算起，到唐末則有一千二百年。其間的社會變化是很大的。中國社會從分裂到統一，又從統一到分裂，不斷推動著漢語發展變化。所以它的語音系統發生了很大的變化，也是很自然的。不過語音的變化都有個過程，不是突然的，而有其演變的歷程。同時它也有個萌芽、開始的時代。比如聲母舌音的分化。上古漢語舌頭、舌上不分，即舌頭音"端、透、定、泥"還包括了傳統三十六字母中的舌上音"知、徹、澄、娘"。這是錢大昕早已證明了的。而《切韻》音系的聲母系統舌音已有兩套，因爲它的反切上字基本上分爲兩類。例如：

端：德、得、多、冬、當、都、丁、眂（都奚切）、卓（丁角切）(《切韻》)

都、丁、多、當、得、德、冬（《廣韻》）

知：知、智、豬、中、追、張、竹、陟（《切韻》）

陟、竹、知、張、中、豬、征、追、卓、珍（《廣韻》）

《切韻》的反切用字和《廣韻》不完全相同，但都已分爲兩類。那麼，在隋代《切韻》之前是否已開始分化了？究竟是從什麼時候開始的？這都是值得進一步探討的問題。從我們現已掌握的材料來看，直到齊梁時代（公元6世紀）以前，舌上音"知徹澄"還是讀同舌頭音"端透定"的。例如郭璞《爾雅注》及孫炎《爾雅音義》："長，丁丈反"；"竺，丁毒反"；"丁，豬耕反"；"姪，大結反"；"轉，丁戀反"；又"筍，郭陟孝反，孫都耗反"；"挃，郭丁秩反"[1]。這些例字切語都是舌頭、舌上互爲切上字的。又如北魏（386—534）楊衒之（北平今河北滿城人）《洛陽伽藍記》卷五："唯冠軍將軍郭文遠游憩其中（按：指洛陽城東北上商里），堂宇園林，匹於邦君。時隴西李元謙樂雙聲語。常經文遠宅前過，見其門閥華美，乃曰：'是誰第宅？過佳！'婢春風出曰：'郭冠軍家。'元謙曰：'凡婢雙聲！'春風曰：'儜奴謾罵！'元謙服奴婢之能。於是京邑翕然傳之。"[2]此段文字所記故事中用了多個雙聲語，如"是誰"是禪母雙聲，"過佳"和"郭冠軍家"都是見母雙聲，"凡婢"是奉、並雙聲，"雙聲"是生、審雙聲，"儜奴"是泥母雙聲，"謾罵"是明母雙聲，而"第宅"則是定、澄雙聲，這表明了舌音沒有分化。又如梁顧野王《玉篇》的反切中，"都類切竹類爲多"[3]如：

例字	原本《玉篇》	今本《玉篇》
琢	都角反	陟角切
侸	竹候反	丁候切
湯	他郎反	耻郎切
怵訹絉黜怵出欰	他出反	醜律切
濁	徒角反	直角切

對音材料也有反映。如梵語 Uddiyana（國名），東晉譯作"烏萇"（《魏書》）或"烏場"；又 Samghabata（人名），東晉譯作僧伽跋澄。又日本吳音（六朝借讀的漢字音）也反映了這種現象。如"鄭"，吳音讀作[ten]。

但《切韻》系韻書裏的反切上字已基本上分爲兩類，表明大約公元6世紀以後漢民族共同語的基礎方言裏，舌音已開始分化。同時代的《博雅音》的反切注音，舌音端、知兩類也基本上分爲兩類[4]：

聲母	切上字自切數	混切數	混切百分比
端	50	12	14%
知	37		
透	64	6	4.4%
徹	48		
定	98	6	4.1%
澄	49		
總計	346	24	7.5%

混切總數僅約占百分之七點五，可見其明顯的分類趨勢。可以作爲旁證的對音材料，如日本漢音（借自唐代的漢字音）"多"作［ta］，而"知"作［tʃi］；又漢越音"多"讀［da］，而"知"念［tʂʅ］；又梵語 Uddiyana 晋譯"烏萇"，唐代改譯作"越底延"（《新唐書·土火羅傳》）。可見舌音的分化起於公元 6 世紀的結論是基本上站得住的。

研究語音的發展，還必須講條件，特別是語音分化的條件。這是歷史比較語言學的基本原則。比如知組聲母在上古與端組聲母合而爲一，到了中古，知組"知徹澄"從端組中分化出來了，變讀爲［ȶ］［ȶʻ］［ɖ］，而端組三母仍念［t］［tʻ］［d］。

那麼，爲什麼知組發生了變化，而端組却未變呢？知組是在什麼條件下發生了變化？而端組又是在什麼條件下不會發生變化呢？這就要從聲、韻結合關係上去進行考察，看看端組聲母能和哪些韻母相拼，知組聲母又能和哪些韻母相拼。結果我們在《切韻》系韻書中發現：

能與端組相拼的韻[5]：歌（多）、戈（惰）、模（都）、咍（台）、泰（帶）、灰（堆）、豪（刀）、侯（頭）、覃（貪）、合（答）、談（擔）、盍（塔）、寒（丹）、曷（達）、桓（端）、末（掇）、痕（吞）、魂（敦）、没（突）、唐（當）、鐸（託）、登（騰）、德（得）、東（通）、屋（獨）、冬（統）、沃（篤）（以上一等韻）；齊（低）、蕭（刁）、［幽］（丟）、添（甜）、帖（貼）、先（天）、屑（鐵）、青（丁）錫（的）（以上四等韻）。

能與知組相拼的韻：麻二（茶）、皆（𪗨 zhǎi）、肴（罩）、咸（站）、洽（劄）、山（綻）、江（樁）、覺（卓）、庚二（澄）、陌二（澤）、耕（橙）、麥（摘）（以上二等韻）；魚（猪）、虞（誅）、祭（滯）、支（知）、脂（遲）、之（癡）、宵（朝）、尤（抽）、鹽（沾）、緝（蟄）、仙（纏）、薛（哲）、

第三章　從上古到中古漢語語音系統的發展

真（珍）、質（質）、諄（椿）、術（術）、陽（張）、藥（著）、蒸（征）、職（直）、清（貞）、昔（擲）、東三（中）、屋三（竹）、鍾（重）（以上三等韻）。

由此可知，上古的端組聲母到了《切韻》時代，在一、四等韻前保持 [t] [tʻ] [d] 的讀法未變，而在二、三等韻之前即變讀爲 [ṭ] [ṭʻ] [ḍ]。麻韻三等中的知母字"爹"至今仍念 [t]，是個例外。這可能是口語裏保存了古音。

除了舌頭音的分化，上古的章組聲母也屬舌音，其中章、昌、船三母的發音方法本是舌面塞音 [ṯ] [ṯʻ] [ḏ]，中古演變爲舌面塞擦音，讀 [tɕ] [tɕʻ] [dz]，在傳統三十六字母裏屬於齒音（正齒音）。實際上衹是發音方法變了，發音部位並未發生變化。這種由塞音演變爲塞擦音的現象在漢語裏是常見的。如古代的見組聲母 [k] [kʻ] [x] 演變爲現代的 [tɕ] [tɕʻ] [ɕ]。正因爲章組的音值起了變化，所以知組從端組分化出來後，才未與章組合爲一類。事實上也並沒有混同起來。不僅如此，章組聲母在中古早期和精組聲母及莊組聲母也都劃然不紊。梵漢對音材料就反映了這一點：

kaśmira（迦濕彌羅國）（《大唐西域記》卷十二）

kaṣaya（袈裟）

samgharma（僧伽羅摩，僧院，佛寺）

其中 ś 用審母字"濕"對譯，ṣ 用生母字"裟"對譯，而 s 則用心母字"僧"對譯。這是清擦音心、生、審三分的例子。但也反映了精、莊、章三組其他聲母的情況。

禪母和船母，《切韻》的反切都自成一類，但在《切韻》系韻書前後的其他一些韻書或音義書中的反切以及三十字母和現代漢語方音都是相混的。如現代普通話"船""禪"二母的讀音如下：

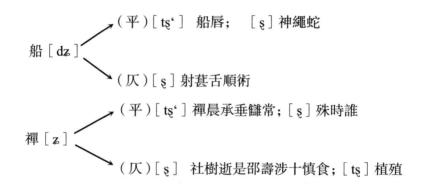

早期佛經翻譯中，梵文 ya 用船母字"蛇"對譯；而 ja 或 jha 則用禪母字"社、闍、禪"對譯，也是有區別的。

日母的讀音，在中古早期可能還是 [ȵ]。唐以前梵文 ña [ɲa] 都以日母字"若、壤、偌"對譯，中唐以後才改用"娘（孃）"字。高本漢擬作 [nʑ]，可能是唐代以後的變化。現代蘇北興化方言於日母字仍念 [nz]。唐末三十字母本無娘母，並把日母和知、徹、澄合稱舌上音。這可能有一定根據。佛經裏改用"娘（孃）"字對譯梵文 [ɲa]，也可能不是因為泥、娘分立了，而是由於日母發生了變化。

發生音值演變的還有喻四母。它是由舌面邊音 [ʎ] 演變為擦音性質的半輔音 [j]。喻四母字在等韻圖上列在四等，實際上祇與三等韻相拼合，例如"庸（東三）、移（支）、姨（脂）、飴（之）、逾（虞）、寅（真）、匀（諄）、延（仙）、遙（宵）、耶（麻三）、羊（陽）、盈（清）、由（尤）、淫（侵）、鹽（鹽）"等。《切韻》反切上字則用"以、余、羊、弋、夷、移、翼、餘、與、營（予、悦）"等。這些字在諧聲系統裏既與舌頭音定母或端母發生關係，如以聲有"台"，弋聲有"代"，"移"從多聲，"悦"從兌聲；又常與齒頭音邪母發生關係，如余聲有"徐"，羊聲有"祥"，"夜"從夕聲等。在現代漢語方言裏，除個別方言如安徽肥東方音讀"以"爲［zei］[6]，普遍都已演變爲零聲母。現代普通話除少數字變讀同日母，如"融、容、鋭"，也大都讀零聲母了。即軟化（softening）爲［j］，如古法語的［l］，現代法語軟化爲半元音［j］。例如 fille（女子）今念［fij］，bouillon（肉湯）念［bújõ］。

高本漢把喻四擬爲塞音［d］，以與其所擬定母［d'］對立。他認爲不送氣的塞音［d］最易脱落。漢語方言裏也有例證，如雲南玉溪方言"高" au←kau；廣東台山方言"單" an←tan，"地" i←ti←di。

喻四的讀音發生變化後，唐以後的人一般不瞭解，不知古代喻四的讀音近似定母或與定母關係密切，因而做出錯誤的判斷。如《説文》"代，從弋聲"。徐鉉校訂《説文》不理解，竟武斷説："弋，非聲，疑兼有忒音。"他不知"忒"亦從弋聲。又如《説文》"移，从多聲"，徐鉉亦説"多與移聲不相近"。這是因爲他不懂古音的緣故。所以研究《説文》和古文字學也要學習一點古音學。

以上講的是從上古到《切韻》時代即中古前期的漢語聲母系統的演變。從《切韻》時代到唐末五代即中古後期，又經過了三百多年，漢語的聲母系統又發生了一些變化。突出的有以下三個方面：

一、脣音的分化與演變

同學們還記得嗎？在音韻學課程的學習中，我們知道，《切韻》系韻書裏的唇音幫、滂、並、明到了後代分化爲重唇幫、滂、並、明和輕唇非、敷、奉、微。現代普通話的[f]就是從非、敷、奉三母演變來的。那麼，唇音的分化到底開始於什麼時代？輕唇音產生的條件是什麼？音韻學家也有不同的意見。

關於唇音分化的時代，有人根據《廣雅》《玉篇》和《切韻》的反切，認爲早在南北朝時期輕唇音已從重唇音中分化出來了[7]。因爲在他們看來，上述三部書中唇音的反切上字已有分類的趨勢。但亦不可忽略的是，其中仍然存在一些輕、重唇相混切的情況。如：

《切韻》"卑，府移切"，"鄙，方美切"；《廣韻》承用此二切語，還有"彼，甫委切"（《切韻》作"補靡切"）、"兵，甫明切"（《切韻》作"補榮切"）、"並，府盈切"（《切韻》作"補盈切"）等。

《廣雅》"蓁，布孔切"，"賦，方寄切"。

《玉篇》"廢，薄匹切"，"紕，方基切"。

這些都不能看作是古音的殘留，而且僅據書面的反切還是不夠的。

還有人根據《釋名·釋天》中的一條材料，即："風，兗、豫、司、冀橫口合唇言之，風，氾也。……青、徐言風踧口開唇推氣言之，風，放也。"認爲其中所謂"踧口開唇"可能就是指[f]音，因而推斷早在東漢就已產生了輕唇音[8]。這也很不可靠。即使有一定的道理，也還是孤證。事實上，直到公元8世紀（唐天寶年間）何超《晉書音義》的反切，其輕重唇音還是不分的。如"猋，甫遙反；扁，方典反；癖，芳辟反；愎，符逼反；么，無可反"等[9]。朝鮮語中的漢語借詞輕唇字還讀重唇音，如"風"，念[p'əŋ]。壯語早期的漢語借詞也不分輕重唇，如"分"念[baen]；但較後的借詞則已分化，如："筆"念[bit]，而"法"

則已念［fap］。

　　漢民族共同語中輕唇音的産生也不會晚於盛唐時期即公元 8 世紀左右，因爲那時已有比較多的證據。如慧琳《一切經音義》的注音以《韻英》《韻詮》《考聲切韻》等反映當時秦音的韻書的反切爲準，其輕、重唇聲母已分別得相當清楚[10]。其次，反映後唐明宗時代（926—933）敦煌方音的《開蒙要訓》的注音和大徐本《説文》音中的輕重唇音也都已基本分用。前者如"犎，音奉"（《廣韻》邊孔切）；後者如"鸚鵡"，《説文》作"鸚䳇"，後一字从鳥，母聲。三國諸葛曾云："世上衹有鸚母，未有鸚父。"陸法言《切韻》"鵡，莫後反"；李善《文選》注"莫口反"，都是重唇切輕唇。而大徐本改爲"文甫切"，可見晚唐五代"鵡"字確已讀輕唇。王力先生據南唐徐鍇《説文繫傳》中朱翱的反切，亦考證公元 10 世紀時輕重唇已分化[11]。又晚唐《守溫韻學殘卷》中有字母三十個。書後附有"辨類隔切"例，列有"切輕韻重例"和"切重韻輕例"，如"方美切鄙，芳逼切堛，符巾切貧，武悲切眉（以上是切輕韻重例），疋（匹）問切忿（此是切重韻輕例）"。既認爲它們是類隔切，就表明當時口語裏唇音已有輕重之分。更爲明顯的是《廣韻》前四卷後所附"今更類隔爲音和切"，如"卑，府移切"，改爲必移切；"胚，芳杯切"，改爲偏杯切，"頻，符真切"，改爲步真切，"眉，武悲切"，改爲目悲切。這是作者對這種變化的承認。《集韻》的作者則都在正文裏改過來了。依白滌洲的考證，《集韻》共有 39 個聲母，其中輕唇音非、敷、奉、微四母與重唇音幫、滂、並、明四母並列[12]。宋人三十六字母衹是將既成事實記錄下來。當然不排除某些地方方言的唇音分化可能較早一些或更晚一些。

　　唇音分化的初期情況，即剛從重唇分化出來的非敷奉微，正如錢玄同先生所構擬的還可能念脣齒塞擦音［pf］［pfʻ］［bv］［m̡］（現代關中話及晉西南方言裏還有這類音）。後來非敷奉三母合流爲擦音［f］，微母則由［m̡］演變爲［v］。也許某些方言一分化出來就合流爲［f］，如慧琳《一切經音義》的反切"非、敷"不分：

芬，方文切，芳文切，忿雲切，麩文切；

斐，非尾切，妃尾切，孚尾切。

（按："芬、芳、忿、麩、斐、妃、孚"爲敷母；"方、非"爲非母。）

《開蒙要訓》裏不僅有"芬音分，芳音方，蜂音風，肺音匪"等非、敷相混例，而且還有"腐音父，負音父"等非、奉不分的例子。大徐《説文》音也有"附袁切番"的例證。《廣韻》的反切亦偶爾出現非、敷相混的用例。如尤韻中"呼"字，在"不"小韻下，切語是甫鳩切，"甫"爲非母；另又與"浮"字同小韻，"縛謀切"，本字下又拂謀切。"拂"屬物韻，敷勿切，敷母。唐末詩人溫庭筠的雙聲詩《望僧舍寶刹》末句："彷彿復芬芳"。這是一個奉母字"復"與四個敷母字雙聲，可見，奉母念清音［f］也是比較早的。

關於脣音分化的條件，自 19 世紀末荷蘭漢學家商克（Schaank）提出"合口三等韻"是脣音分化的條件説以後，得到了高本漢的支持和發展[13]。王力先生也是同意此説的[14]。從《廣韻》來看，下面這些韻出現有輕脣音字：

東三[15]（風豐馮）、屋三（服復伏）、鍾（封奉）、陽（方芳房，亡網望）、藥（縛）、文（分芬墳，文吻問）、物（佛物）、元（番藩反，晚萬）、月（發，襪）、凡（帆泛）、乏（法）、微（非菲肥，微尾未）、廢（肺廢）、虞（夫敷符，無武務）、尤（否負婦，副富）等。

平（賅上、去）、入共計十四韻。這些韻在《韻鏡》等韻圖中都屬合口三等。但是，尤韻在韻圖裏屬於開口三等，它的脣音字如"婦負浮富否"也變爲輕脣，看來不合乎條件。其實不然，因爲這些字在沒有變爲輕脣音之前即已轉入三等合口虞韻去了。例如白居易《琵琶行》：

　　自言本是京城女，家在蛤蟆陵下住。十三學得琵琶成，名屬教坊第一部。曲罷曾教善才服，妝成每被秋娘妒。五陵年少爭纏頭，一曲紅綃不知數。鈿頭銀篦擊節碎，血色羅裙翻酒污。今年歡笑復明年，秋月春風等閒度。弟走從軍阿姨死，暮去朝來顏色故。門前冷落鞍馬稀，老大嫁作商人婦。商人重利輕別離，前月浮梁買茶去。

詩中韻脚字"部"屬《廣韻》上聲姥韻（這裏已變讀去聲暮韻），"妒、度、故"屬暮韻，"去"屬御韻，"數、污、住"屬遇韻。而"婦"本是尤韻上聲有韻字，這時候和這些合口字相押，可見它已轉入合口三等虞韻去聲遇韻了。（按：這首詩是魚虞模三韻同用，一等模韻的脣音字不分化，魚韻無脣音字又本屬開口，故"婦"字變入虞韻去聲。）又尤韻其他脣音字"負、富"等後來都與"婦"同音，所以它們的轉化也應相同。小徐《說文》所注朱翺反切就有"富"，"福務反"（切下字"務"屬遇韻）。至於"否"字，現代普通話念［fou］（方言裏有念［fu］的），韻母［ou］屬開口，也變了輕脣音，似乎也不合條件。但"否"字亦較早地轉入了遇韻。在宋詞裏"否"已與遇韻字相押[16]。在《中原音韻》裏，"否"字有兩讀：一在魚模，念［fu］；一在尤侯，念［fou］。"浮"字在《中原音韻》祇入魚模，念［fu］。可見"否"和"浮"也已在13世紀以前轉爲合口，故亦合乎條件。但是，東韻三等和屋韻三等的脣音字祇有幫、滂、並三母分化出輕唇音，而明母字仍讀重唇，如"夢"和"目、牧、穆"。此外尤韻的"謀、矛"和陽韻的"芒"也未演變爲輕唇音。這是因爲這些字在同韻的唇音分化之前已轉入一等開口了。如《切韻指掌圖》將"謀"字列在開口一等上。由於不合條件故未變。

這些來自非、敷、奉、微的輕唇音，在現代方音中於非、敷、奉字大都已念[f]或[f][v]或[f][h]；於微母則多演變爲零聲母或變讀[v]。祇有南部的閩、粵、客家方言保持微母的古讀[m]。閩方言還保存更多的重唇音，如"肥"，閩南念[pui]，閩北念[pi]；也有變讀爲[h]的，如"婦"，閩南念[hu]，閩北念[hou]。至於保持個別字的重唇音讀法，許多方言都有之。如"浮"字，老湘方言口語裏念[p'əu]。

關於唇音分化的條件問題，現代音韻學家有各種各樣的主張。如李方桂先生的三等韻加[j]介音説，董同龢先生的主元音偏央説，周法高先生的後元音或央元音説，李榮先生的無條件説[17]。1981年臺灣杜其容教授發表《輕唇音之演變條件》[18]，又提出"三等韻介音[j]後再接合唇元音"的主張。她還批評王力先生關於"尤韻唇音字在没有變唇齒音以前已轉入虞韻"的看法。筆者曾撰寫《晚唐尤韻唇音字轉入虞韻補正》一文予以答[19]。現在再補充一例：《廣韻·虞韻》"防無切"小韻下有一"泭"字，注云："水上泭漚。《説文》曰編木以渡也。本音孚，或作'䒀'。"姚合（約779—846，陝州即今河南陝縣人）《酬任疇協律夏中苦雨見寄》詩："走童驚掣電，飢烏啄浮漚。""浮漚"即"泭漚"。此例又將"浮"字轉入虞韻的時間提前至公元八九世紀間。

二、正齒音的合流

中古前期正齒音有兩套，即"莊、初、崇、生"和"章、昌、船、書、禪"。到了晚唐，守溫三十字母祇有"審穿禪照是正齒音"，宋人三十六字母則有"照、穿、牀、審、禪"五母。這表明照二（莊組）、照三（章組）已合流爲一類。此外，《切韻指掌圖》十九合口止攝將照三"惴"字（《廣韻》去聲寘韻，之睡切）排在照母二等的地位上；又把穿二"叀"字（《廣韻》去聲祭韻，楚稅切[20]），排在穿母三等的地位上；又禪三的"睡"字（《廣韻》去聲寘韻，是僞切）却排在禪母二等的地位上。這反映了兩類聲母相混的情況。但是晚唐以來的一些材料還反映出另一種事實，即章組與知組相混，如敦煌俗文學抄本把"知"寫作"之"，又把"諸"寫作"誅"等等。情況比較複雜。這個問題留待下一章講近代捲舌音的形成時再討論。

三、喻三、喻四的合流

中古以前喻四自成一類；喻三歸匣母，例如諧聲字"域从或聲，贿从有聲，諱从韋聲"等；又如《詩經・齊風・還》一章"子之還兮"，《漢書・地理志》引作"子之營兮"。顏師古注："齊詩作'營'，毛詩作'還'。"又《老子》十章"營魄抱一"，注云："營魄，魂魄也。"又《韓非子・五蠹》"自環謂之私"，《說文》引作"自營爲私"。謝朓《望三湖》詩："葳蕤向青秀，薈黃共秋色。"其中"葳蕤"叠韻，"薈黃"雙聲。又北周庾信的雙聲詩《問疾封中錄》："形骸違學宦，狹巷幸爲閒。虹迴或有雨，雲合又含寒。橫湖韻鶴下，廻溪狹猿還。懷賢爲榮衛，和緩惠綺紈。"可見，直到公元五六世紀，也就是《切韻》時代喻三還讀同匣母。

但至遲至晚唐，喻三已從匣母中分化出來，因爲守溫三十字母的喉音"匣、喻、影"中之"喻"已包括了喻三和喻四。喻三從匣母中分化出來的條件是三等韻字；而一、二、四等韻字則仍讀匣[ɣ]。其演變的情況如下：

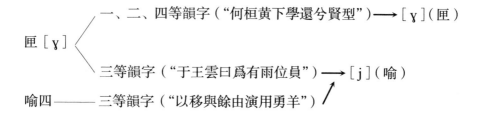

喻三、喻四合流的例證有《廣韻》裏新生的雙聲聯緜字，不僅有喻四和影母的組合（"檮杬"），而且有喻三和影母的組合（"螘蟮"）[21]又蘇軾《戲作切語竹詩》："隱約安幽奧，蕭騷雪藪西。……引葉由雲遠……邂逅盍閑攜。"其中首句"隱約安幽奧"是影母雙聲，末句"邂逅盍閑攜"是匣母雙聲，第3句"引葉由雲遠"是喻四和喻三雙聲。

正由於到中古後期，發生了上述三種變化，漢語的聲母系統則由中古前期的三十五個演變爲三十四個。這不僅僅是增減一個聲母數的差別，而是整個系統的變化。下表是中古後期即晚唐至宋初的漢語三十四個聲母（請注意它的特點與讀音）：

喉音	影 [ø]				喻 [j]		曉 [x]	匣 [ɣ]
牙音	見 [k]	溪 [k']	群 [g]	疑 [ŋ]				
舌音	端 [t]	透 [t']	定 [d]	泥 [n]	來 [l]			
	知 [tɕ]	徹 [tɕ']	澄 [dʑ]					
齒音	精 [ts]	清 [ts']	從 [dz]				心 [s]	邪 [z]
	照 [tʃ]	穿 [tʃ']	床 [dʒ]	日 [ɲ]			審 [ʃ]	禪 [ʒ]
唇音	幫 [p]	滂 [p']	並 [b]	明 [m]				
	非 [f]		奉 [v]	微 [ɱ]				

此外，如果上古時期漢語裏還存在複輔音聲母，那麽到了中古時期一點兒也沒有留下痕迹了。這就是說，例如從"录"得聲的"禄"和"剥"，到這時已分別由 [pl-] 演變爲 [l-] 或 [p-]；從"豊"得聲的"禮"和"體"，已分別由 [tl-] 演變爲 [l-] 或 [t'-]；從"監"得聲的"藍"和"鑑"，已分別由 [kl-] 演變爲 [l-] 或 [k-]，等等。這種現象在語音學上叫作語音成分的"偏失"（diviatelose）。

注 釋

[1] 郭璞《爾雅注》，據世界書局影印阮刻《十三經注疏》，1935 年。

[2] 楊衒之《洛陽伽藍記》，周祖謨校釋本，中華書局，1963 年。

[3] 周祖謨《萬象名義中之原本〈玉篇〉音系》，見《問學集》（上），中華書局，1966 年。

[4] 黃典誠《曹憲〈博雅音〉研究》，《音韻學研究》第二輯，1986 年，中華書局。

[5] 括號裏的是例字。

［6］ 據北京大學中文系語言專業 1959 級徐民和同學的方音。又漢越語"以"念[zi]，"演"念[zien]，和喻三"雲"[vən]、"遠"[vien]有別。參看王力《漢越語研究》，《嶺南學報》第 9 卷第 1 期，1948 年；又收入《王力文集》第 18 卷。

［7］ 北京大學中文系 1956 級語言專業《漢語發展史》（上編），油印本。

［8］ 參見張潔《論〈切韻〉時代輕、重唇音的分化》，《漢語史學報》第 2 輯，上海教育出版社，2002 年。

［9］ 邵榮芬《〈晉書音義〉反切的語音系統》，《語言研究》創刊號，1981 年。

［10］ 黃淬伯《慧琳一切經音義反切考》，據以考得其聲類 37 個。其中唇齒音（輕唇）3 個"方、扶、武"，雙唇音（重唇）4 個"補、普、蒲、莫"。

［11］ 王力《朱翱反切考》，《龍蟲並雕齋文集》（第三冊），中華書局，1982 年；又收入《王力文集》第 18 卷。

［12］ 白滌洲《〈集韻〉聲類考》，《史語所集刊》第三本第二分，1931 年。

［13］ 高本漢《中國音韻學研究》第 14、15 章，趙元任、李方桂、羅常培譯，商務印書館，1994 年。

［14］ 王力《漢語史稿》，中華書局，2004 年。

［15］ 舉平以賅上、去。韻目括號裏的是例字。

［16］ 參看唐作藩《蘇軾詩韻考》，《王力先生紀念論文集》，商務印書館，1990 年。又魯國堯《宋代蘇軾等四川詞人用韻考》，《語言學論叢》第八輯，商務印書館，1981 年。

［17］ 李方桂《上古音研究》，商務印書館，1980 年；董同龢《上古音韻表稿》，商務印書館，1984 年；周法高《論上古音》，載《中國音韻學論文集》，中文大學出版社，1984 年；李榮《切韻音系》，科學出版社，1956 年。

［18］ 杜其容《輕脣音之演變條件》，《"中央研究院"國際漢學會議論文集》（語言文字組），1981年。

［19］ 唐作藩《晚唐尤韻脣音字轉入虞韻補證》，《紀念王力先生九十誕辰文集》，山東教育出版社，1991年。

［20］ 此字通常念 cuì，《廣韻》去聲祭韻，此芮切，清母。

［21］ 參看陳燕《〈廣韻〉雙聲叠韻聯綿字的語音研究》，《語言學論叢》第17輯，1992年。

主要參考文獻

王　力　《漢語史稿》第二章第十二節"上古聲母的發展"，中華書局，2004年。

　　　　《漢語語音史》卷下"語音的發展規律"，商務印書館，2008年。

羅常培　《知徹澄娘音值考》，《史語所集刊》第三本第一分，1931年。

李方桂　《上古音研究》"中古音系"，商務印書館，1980年。

馬伯樂　《唐代長安方言的聲母系統》（姚彝銘譯），《音韻學研究通訊》第14期，1990年。

練習四

一、試說《切韻》音系能否作爲中古漢語語音系統的代表，爲什麽？

二、試比較上古三十二聲母和中古後期三十四聲母的異同。

三、試標出下列詩文中的雙聲字，注出其上古和中古前、後期的聲母，並說明其變化：

1. 梁元帝（蕭繹）《金樓子・捷對篇》："羊戎好爲雙聲，江夏王設齋使戎鋪座。戎曰：'官家前床，可開八尺。'王曰：'開床小狹。'

戎復曰：'官家恨狹，更廣八分。'又對文帝曰：'金溝清泚，銅池搖漾。既佳光景，當得劇蔡'"。

2. 南齊王融《雙聲詩》："園蘅眩紅蘤，湖荇燡黃華。廻鶴橫淮翰，遠越合雲霞。"

四、查出下列字的上古與中古前、後期的聲母，並比較其異同：

1. 勤奮 求實 嚴謹 創新
2. 見義勇爲

第三節　中古韻部系統的發展

　　漢語的韻部系統從上古的三十部到中古前期（齊梁至隋唐間）的四十三部，發生了很大的變化。不僅韻部的數目增加了，而且許多韻部的內部也起了變化，發生了分化演變。

　　我們關於漢語語音史的分期意見，上古時期是從西周開始的，而從周初（公元前 11 世紀）到唐末五代（公元 9—10 世紀），已逾兩千年；到漢代末年也有了一千二百年。語音的發展不是突然的，兩千年間必然是在逐漸地發生變化。從周代到漢代也不可能沒有變化。上一章講上古漢語的聲、韻、調系統時，情況不完全一樣。上古聲母系統的建立，其所根據的材料來源於周秦兩漢，如"聲訓""異文""古讀"等主要是漢代的東西；祇有形聲字比較早。因此上古三十二個聲母，祇能說是反映了上古聲母系統的一般情況。至於上古韻部系統，主要是依據《詩經》用韻分析歸納出來的。用以補充、印證的形聲字材料比較複雜，大都是秦漢之前的。但如果和《詩經》的用韻有了出入，則以《詩經》用韻爲準。因此，上古三十個韻部實際上祇代表周代（公元前 11 世紀到前 3 世紀）漢語的韻部系統。那麼兩漢的情況怎樣？漢代的韻部系統跟周代的有什麼異同呢？這個問題不弄清楚，就討論上古到中古的韻部發展，那是不夠全面的。過去講漢語音韻學或漢語語音史，如高本漢、董同龢、李方桂等僅拿周代《詩經》音和隋代的《切韻》音進行比較，講它們之間的異同和變化。這還不能算是真正建立起從上古到中古的漢語語音發展史。

　　事實上，兩漢時代是從上古到中古漢語發展的一個承前起後的時期。

這個時期的韻文用韻明顯地反映了這一點。如漢賦、樂府詩歌。過去王念孫著有《兩漢韻譜》、洪亮吉有《漢魏音》以及近人于海晏的《漢魏六朝韻譜》[1]，但都缺乏進一步的整理，未能歸納出一個韻部系統來。羅常培、周祖謨二位先生在上世紀50年代發表了《漢魏晉南北朝韻部演變研究》（第一分冊）[2]，主要根據漢賦、樂府等韻文及聲訓、古讀材料做了比較全面、系統的研究；並將西漢與東漢分別開來，又探討其間的一些變化。王力先生的《漢語語音史》也將漢代（公元前206—公元220年）分爲一個時期[3]。據他們的研究，我們瞭解到自周代的《詩經》三十韻部到兩漢，陰聲韻的變化比較突出，其次是陽聲韻，至於入聲韻變化則很小。就兩漢四百年的歷史來看，東漢時代的韻部變化比西漢時代又要大一些。這種變化主要表現在兩方面：一是韻部的分合不同；一是同部之間所屬字的歸類有所變動。

韻部的分合方面，最顯著的變化是魚、侯兩部在漢代有合流的趨勢。如張衡《四愁詩》之三："美人贈我貂襜褕，何以報之明月珠。路遠莫致倚踟躕，何爲懷憂心煩紆？"又如《漢樂府·陌上桑》（一名《艷歌羅敷行》）："日出東南隅，照我秦氏樓。秦氏有好女，自名爲羅敷。羅敷善蠶桑，採桑城南隅。青絲爲籠繫，桂枝爲籠鉤。頭上倭墮髻，耳中明月珠。"（以上韻腳"紆、敷"屬魚部，其他屬侯部。）

其次是脂、微兩部也常相押。如司馬遷《悲士不遇賦》："私于私者，自相悲兮。"又如《古樂府·長歌行》之一："青青園中葵，朝露待日晞。陽春布德澤，萬物生光輝。常恐秋節至，焜黃華葉衰。百川東到海，何時復西歸。少壯不努力，老大徒傷悲。"（以上"私、葵"屬脂部，其餘屬微部。）

同時，與脂、微相配的陽聲韻真、文之間和入聲韻質、物之間也經常相押。陽聲韻真、文兩部相押例，如司馬相如《子虛賦》："其土則丹青者𡐖，雌黃白坿，錫碧金銀；衆色炫耀，照爛龍麟。"又《古詩爲焦仲卿妻作》："孔雀東南飛，五里一徘徊。……阿母白媒人。貧賤有此女，始適還家門。不堪吏人婦，豈合令郎君？"（以上"銀、君"屬文部，其他屬真部。）入聲韻部質、物相押例，如張衡《西京賦》："於前則終南太一，隆崛崔崒。隱轔鬱𢌿，……是之自出。"（其中"一"屬質部，其餘屬物部。）羅、周兩位先生因此得出結論：漢語的韻部系統即由先秦的三十部演變爲東漢的二十六部。參看下面的比較表[4]：

陰聲韻部		陽聲韻部		入聲韻部	
先秦	東漢	先秦	東漢	先秦	東漢
之 →	之	蒸 →	蒸	職 →	職
幽 →	幽	冬 →	冬	覺 →	覺
宵 →	宵			藥 →	藥
侯 ↘				屋 →	屋
魚 →	魚	東 →	東	鐸 →	鐸
歌 →	歌	陽 →	陽		
支 →	支			錫 →	錫
		耕 →	耕	月 →	月
脂 →	脂	元 →	元	質 →	質
微 ↗		真 →	真	物 ↗	
		文 ↗		緝 →	緝
		侵 →	侵	葉 →	葉
		談 →	談		

對此，音韻學界也有不同的看法，認爲上述現象可能祇是用韻較寬，主要元音接近，可以合韻，不一定是兩個韻部都已合併了。如先秦的魚部，主元音是[a]，到漢代演變爲[ɑ]，而侯部的主元音則由[ɔ]變爲[o]（宵部則由[o]發展爲複合元音[au]），於是魚、侯兩部主元音較近，合韻就較多。據邵榮芬先生研究[5]，魚、侯合韻實爲侯部中的虞韻字如"付、朱、俞、禺、區、具"等（虞2）轉入了魚部，即和魚部中的虞韻字（虞1）合流了。又如真、文合韻的問題。漢代韻文用韻的實際情況是，真、文兩部分押例子亦不少。同時，真部或文部和元部亦有通押例。辛世彪著文用數學統計法得出結論：兩漢時代的真、文分部，而不是合爲一部。王力先生一直主張自先秦到漢代脂與微、真與文、質與物都獨立成部[6]。關於脂、微分部問題，裘錫圭先生根據出土的漢代帛書、竹簡中韻文材料，也認爲直到漢代脂、微仍然是分部的[7]。

　　關於漢代韻部的分合變化，還應當指出，在《詩經》時代併入侵部的冬部，到了漢代就完全獨立出來了。王力先生認爲早在戰國時代，侵部已分化爲侵冬兩部。[8]

　　漢代韻部的變化更明顯的是表現在各部所屬字的歸類變動上。這種變化大多發生在之部與幽部、魚部與歌部、歌部與支部、陽部與耕部以及蒸部與冬部之間。例如《廣韻·尤韻》中的"丘、牛、久"等字，在上古都與之部字相押，屬之部，如《詩經·衛風·氓》一章叶"蚩、絲、絲、謀、淇、丘、期、媒、期"；又《邶風·旄丘》二章叶"久、以"；又《小雅·黍苗》二章叶"牛、哉"。而到了西漢，這類字開始轉入幽部，如劉向《九嘆·遠遊》叶"久、首"；揚雄《反離騷》叶"流、丘"；王褒《九懷·危俊》叶"蜩、州、脩、遊、牛、流、休、悠、浮、求、儔、恤"。東漢時代,這種歸字的變化更大。除侯部的虞韻字繼續變入魚部外,幽部中的"調、保、包、曹、道"等字也開始轉入宵部,如馬融《長笛賦》叶"蒴、嗃、調"。而餘下的幽部字則與侯合爲一部。同時又有魚部中的"家、華、沙、邪"等字轉入了歌部,如傅毅《洛都賦》叶"華、波、羅";張衡《西京賦》叶"家、過、加";又《古樂府·孤兒行》叶"芽、瓜、車、家、多"。而歌部中的"奇、宜、爲、池、義、皮"等字則轉入支部去了。如杜篤《論都賦》叶"祇、麾、奇、蝎、披、斯";傅毅《雅琴賦》叶"宜、枝";蔡邕《琴賦》叶"陂、羌、枝、歧、宜";《古詩爲焦仲卿妻作》叶"池、離、枝"。又陽部的範圍縮小,其中"京、明、兵、英、慶"等字轉入了耕部。如班固《漢書·叙傳》叶"慶、輕、鶯、聲、盈、明、英";班固《西都賦》叶"情、京";又張衡《東京賦》叶"明、寧、形"。此外還有蒸部中的"雄、弓"等字併入了冬部。如班固《西都賦》叶"雄、陵、中"。當然,這種變化祇是就一般情況而言的,兩漢詩文的用韻由於作者的方言、習慣等原因,又無韻書作爲標準,實際情況比較複雜,合韻的現象較多。這裏就不細説了。有興趣的同學可以參考上文引述的羅常培、周祖謨先生和王力先生的著作。

　　東漢以後,經過魏晉南北朝到隋唐,在這四五百年間,漢語的韻部系統又繼續發生了顯著的變化。這也主要反映在這個歷史時期裏詩人們的用韻上。我們拿東漢的二十六部(或三十一部)和齊梁至隋唐的四十三部做一比較就可以看出來。許多韻部加速了分化:有的是一部變爲兩部或數部,因而韻部的數目增多了;有的是此部的字又轉到另一部中去了,亦即是韻部之間又重新進行了調整。這樣中古時期的韻部系統,和上古時期比較,面貌大爲改觀。先看陰聲韻的變化圖:

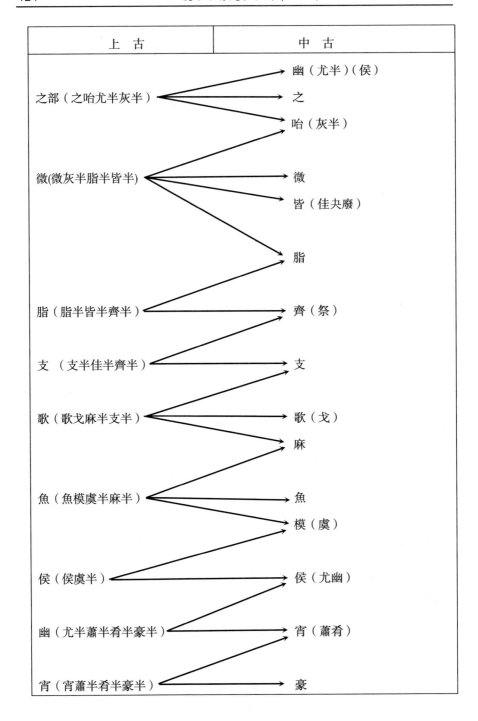

說明：上古之部到中古時期，除繼續有一部分字（如"尤、郵、不、謀、有、友、婦、負、右"等）轉入幽部外，本部又析爲之、咍兩部。咍部是個新產生的韻部。此部所屬之字除主要來自之部的"來、杯、該、哉、災、灰、臺、埃、才、胎、梅、栽"等字外，還來自微部的"開、凱、回、雷、推、徊、衰、罪"等字。上古的微部到中古一分爲四：一部分（指灰韻字）歸咍部；一部分如"排、乖、懷、淮、槐"等歸皆部；一部分如"悲、水、追、誰、唯、遺、雖、綏"等字則歸脂部；餘下的演變爲中古的微部。皆部也是個新生的韻部，除來自微部，還有來自上古的脂部（如"偕、諧、楷、齋"等字）和上古的支部（如"佳、街、解、柴、買、圭、卦"等字）。上古的支部則分化爲中古的支部（如"支、知、祇、是、此、斯、卑"等字）、皆部和齊部（如"雞、兮、倪、啓、提、麗"等字）。齊部也是個新生的韻部，除來自上古的支部，還來自上古的脂部（如"低、弟、體、泥、妻、西、細、稽、詣、批、米"等）。這樣，中古的支、脂、之、微四部和上古的支、脂、之、微四部雖然名稱相同，但在内容上發生了很大的變化。當然這種變化不是突然的，也是有個過程的。比如三國魏至兩晉時代，皆部剛產生時，是個比較大的韻部，包括來自上古脂、支、微三部的字，即後來的皆、齊兩部的字。如曹丕《寡婦詩》叶"淒、徊、頹、乖、迴、栖、懷"；又曹植《七啓》之五叶"頹、閨"；郭璞《游仙詩》之九叶"頹、懷、雷、迴、開、堆、哀"；陶潛《飲酒》之九叶"開、懷、乖、栖、泥、諧、迷、回"。後來才分化出齊部來。魏晉時代的支、脂、之三部基本獨立，唯各部所屬之字比起上古時代要少多了。而與《切韻》音系的支、脂、之三部基本接近。不過到南北朝後期，脂、之兩部又合流了[9]。

齊梁以後，從詩人用韻來看，脂、之兩部又有明顯合流的趨勢。例如江淹《劉僕射東山集》叶"滋、思、湄、遲、時、詩"；庾信《哀江南賦》叶"尾、壘、嶉、水、矣"。

此外，從上面韻部變化表可以看出，上古陰聲韻部經過魏晉南北朝的演變，歌部分化爲歌、麻二部；魚部分化爲魚、模（虞）兩部；宵部分化爲宵、豪兩部。豪部是由原來的幽、宵二部分化出來而組成的一個新部。如陸機的《演連珠》之三十四叶"包、逃"；潘岳《西征賦》叶"交、巢、淆、勞、郊、刀"。

中古時期的陽聲韻的變化也是很大的。試看下面上古到中古陽聲韻韻部演變圖。

第三章　從上古到中古漢語語音系統的發展

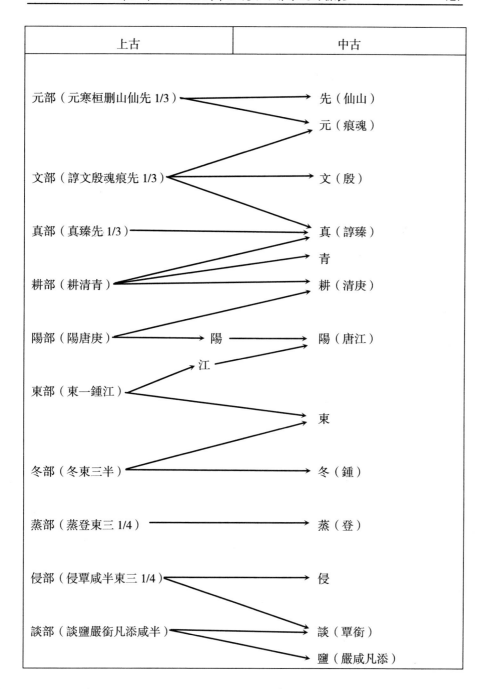

其中元部分化爲寒、先、元三部，與《切韻》比較，寒部相當於寒、桓、刪三韻；先部相當於山、仙、先三韻；而元部則相當於元、魂、痕三韻。中古元部中的魂、痕韻字是從上古文部中演變出來的。先部也有兩個來源，除了來自上古元部中的"前、肩、連、泉、傳、延、綿、山、間"等字外，還來自上古真部的"千、天、田、年、堅、賢、眼"等字和文部的"先、遷、仙、川、船、員、煙"等字。聯綿字"芊綿"本作"芊眠"（真部疊韻），中古以後多作"芊綿"。在上古"芊"和"綿"不同部。

陽聲韻中還有東、冬、侵三部的演變值得注意。上文談到，冬部在戰國以後就已從侵部中分化出來，原屬侵部的"風、中、終、弓"等字轉入了冬部。魏晋時代冬部基本上還是獨立的，相當於《切韻》的冬韻和東韻三等。例如曹植的《七啓·序》叶"隆、穹、終、躬、風、中"；劉宋以後則開始與東部字通押，如鮑照《擬古》之二叶"通、宮、風、鋒、功、戎、終"。（"通"屬東韻一等）。這反映了東、冬二韻所屬之字重新做了調整。逐步演變爲新的東部，相當於《切韻》的東韻；冬部則相當於《切韻》的冬、鍾二韻。還值得注意的是中古時期東部中的"風、楓、雄、馮、夢、弓"等字，在先秦分屬於侵部和蒸部，漢代以後逐漸轉入冬部；齊梁以後又從冬部轉入東部了。此外，上古東部中的"江、邦、窗、雙、降、講、項、巷"等屬《切韻》江韻字，在中古前期有自成一部的獨立趨勢，隋唐以後則轉入陽部了。《切韻》系韻書的韻目排列次序：江韻置於東、冬、鍾之後，而不與陽、唐相鄰，不過是上古音留存的痕迹罷了。

至於入聲韻的變化，一般都隨着與之相應的陽聲韻的變化而演變。

這就是説，從上古到中古，陽聲韻發生哪些分合變化，入聲韻也基本上發生了相應的分合變化。如上古元部分化爲中古寒、先、元三部，其入聲月部也分化爲中古的曷、屑、月三部。不過，上古入聲韻部中還有少部分字到中古脱落了塞音韻尾（主要是收［-k］［-t］尾的），演變爲陰聲韻，如月部中的"祭、泰、夬、廢"等韻的字。其他一些韻部也有此種現象。詳細情況留待下節談上古聲調發展時再討論。上古入聲韻部至中古的演變如下圖。

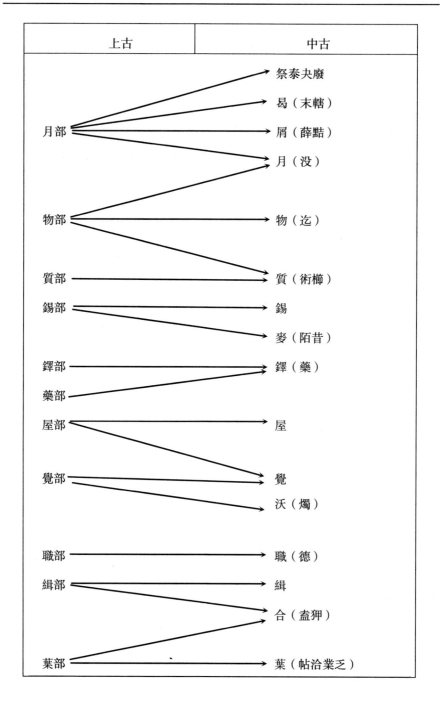

韻部的演變也是有條件的。這主要是從韻母內部及聲、韻、調之間的關係去考察。具體說，這首先是由於韻頭（介音）的不同，其次是受聲母或聲調的影響。比如先秦侵部中的"風"字為何到魏晉以後分化出來而轉入冬部裏去了呢？其原因就是由於韻母爲合口。"風"字本讀[pĭwəm]，由於語音的異化（dissimilation）作用，首先使得韻尾發生變化；其後的演變過程大致是：

pĭwəm → pĭwoŋ → pĭuŋ → fəŋ

可見冬部字從侵部中分化出來的條件就是韻母爲合口。侵部中的開口韻字到中古基本上歸侵部，衹有"潛、黔、凡"等字轉入鹽部，"覃、參、南、男、嵐、貪、三、咸"等字轉入談部，但還都收[-m]尾。又如上古之部到中古分化爲之、哈兩部，也是由於有無[-ĭ-]介音的不同。大體上之部中一等韻母（哈、灰韻字，無[-ĭ-]介音）變爲哈部；三等韻字則變爲之部。關於聲母的影響，例如上古之部中的一等開口韻母[ə]，到中古歸入哈、侯二部。其條件是唇音字（如"剖、母、畝"）入侯部；其他舌齒牙喉音字（如"台、胎、待、來、才、采、該、孩、埃"）則歸哈部。又如上古幽部中同是四等韻母[iu]，到中古凡聲母是舌齒音的演變爲蕭韻[ieu]（如"彫、條、鳥、蕭"）；凡聲母是牙喉唇音的則演變爲幽韻[iəu]（如"幽、樛、糾、幼、謬、彪"）。至於聲調的影響，上古入聲韻部大都有長入和短入的區別，短入調字到中古保持入聲韻；而長入調字則脫落韻尾變爲陰聲韻，如上古月部[at]，短入韻母[ăt][eăt][ĭăt][iăt][uăt][oăt][ĭwăt][iwăt]，分化爲中古的曷[ɑt]月[ɐt]屑[at]三部；而長入韻母[āt][eāt][ĭāt][iāt][uāt][oāt][ĭwāt]

則分別轉入陰聲韻咍［ɑi］皆［ai］齊［ei］三部（即《廣韻》祭、泰、夬、廢諸韻）。

以上講的主要是上古韻部系統到中古前期發展的一般趨勢。至於上古的韻母系統與《切韻》音的關係，情況比較複雜。王力先生曾做過詳細的對比，可以參考[10]。

總之，從先秦到隋唐時代漢語的韻部系統確乎發生了很大的變化。可以看出，它已進入了一個新的發展階段。到這個階段，"同聲者必同部"的諧聲原則已經完全不適用了。因為由於語音的發展，諧聲系統已被打亂了。例如同是"台"聲，而"怡、貽"屬之部，"胎、殆"歸咍部；同是"我"聲，而"俄、餓"屬歌部，"義、儀"歸支部；同是"京"聲，而"景、影"屬耕部，"涼、諒"在陽部；同是"今"聲，而"岑、衿"屬侵部，"貪、含"在談部；同是"曷"聲，而"葛、渴"屬曷部，"謁、竭"歸月部。據統計，現代漢字聲旁的表音作用越來越小，大約表音率僅占39%；如要求字音的聲、韻、調都準確，漢字中依據聲旁能類推出讀音的如"棋""芝""樑""洲""植"之類，僅占形聲字總數的7.1%。[11]有的一字有兩讀，中古以後也分屬兩個韻部。例如"參差"的"參"（cān）在侵部，而"參與"的"參"（cān）則屬談部；又如"商賈"的"賈"（gǔ）在模部，而用於姓氏的"賈"（jiǎ）則在麻部；又如"惡"字念è，在鐸部，而讀wù則在模部；又如"交易"之"易"念羊益切，在錫部，而"難易"之"易"念以豉切，則在支部（今音都讀yì）。種種事實表明，漢語語音系統進入中古以後起了一個質的變化，形成了一個新的系統。上邊介紹的四十三韻部基本上反映了這個新的發展階段。

但是，這四十三個韻部也不是固定的，它祇是大體上反映了5至7

世紀初漢民族語共同語的韻部系統。到盛唐以後，從詩人用韻中可以看出，漢語的韻部系統又發生了比較顯著的變化。這個階段的發展趨勢主要又是合流。如隋至初唐的四十三部中的支、之（脂）兩部，到盛唐以後常通押，比如李白（701—762）的古風《獨不見》："白馬誰家子，黃龍邊塞兒。天山三丈雪，豈是遠行時？春蕙忽秋草，莎鷄鳴西池。風摧寒梭響，月入霜閨悲。憶與君別年，種桃齊蛾眉。桃今百餘尺，花落成枯枝。終然獨不見，流淚空自知。"杜甫（712—770）《薄暮》："江水長流地，山雲薄暮時。寒花隱亂草，宿鳥擇深枝。舊國見何日，高秋心苦悲。人生不再好，鬢髮白成絲。"表明當時口語裏"支、脂、之"已不分。其實，比李、杜約早半個世紀的沈佺期（？—713）、宋之問（？—712）的詩韻已經開始出現這種情況。據師爲公與郭力的研究和統計[12]，沈、宋詩韻中止攝四韻字押韻的情況是：支、脂、之三韻共用 28 次，其中支獨用 7 次，之獨用 6 次，支脂同用 2 次，脂之同用 11 次，支脂之同用 2 次，之微同用 2 次。另微韻獨用 38 次。雖然支與之（脂）分用占多數，但兩部合用也共有 4 次，約占 18%。這個比例數已不小。但微部仍獨立則十分明顯。盛唐以後，支、之（脂）通押已很普遍。如張九齡《夏日奉使南海在道中作》叶"時、疵、怡、私、慈、欺、湄、夷、之、詞"；寒山子詩《止宿》叶"雌、隨、湄、池"。而在李白、杜甫的詩韻中，支、之（脂）與微三部通押亦已不少。例如杜甫《塞蘆子》："五城何迢迢，迢迢隔河水。……杞，已，爾，椅，子，起，裏，此，鬼。"韓愈、柳宗元詩更是如此。顯示出這三部的讀音已相同或很相近了。又如劉知幾著有《史通》一書。因避唐玄宗李隆基諱，以字行。按：劉知幾字"子雲"。其名字"幾"是微部字，而"基"是之部字。當時北方方言"幾、基"

一定同音了。又唐封演《聞見記》卷四"甈使"條云："天寶中，玄宗以甈字聲似鬼，改'甈使'爲'獻納使'。乾元初（758 年）復其舊名。""甈"，脂韻上聲，"鬼"，微韻上聲，二字本不同音，這時候亦不分了。

此外，魚和模（虞）也合流爲一部。如杜甫的古體詩用韻：魚、虞、模三韻（賅上、去）共用 53 次。其中魚虞同用 3 次，魚虞模同用 9 次，合計 12 次，占總數 53 次的 22.6%（而其近體詩魚虞或魚虞模同用僅 3 次，僅占魚、虞、模三韻共用 60 次的 5%）[13]。又韓愈的詩歌用韻於此三韻合流更爲明顯。其詩共用 36 次，其中魚獨用 11 次，模獨用 3 次，虞獨用 2 次，而虞模同用 10 次；魚虞同用 4 次，魚模同用 3 次，魚虞模同用 3 次，即魚與虞（模）同用共 10 次，占總數 36 次的 28%。如韓愈古詩《別趙子》叶"居、余、娛、書、珠、俱、歟、如、無、渝、須、狙、殊、除、圖、巨、愚"。[14]又如白居易《琵琶行》："自言本是京城女，家在蛤蟆陵下住。……部、妒、數、污、度、故、婦、去。"不僅魚、虞、模同用，尤韻"婦"字也轉入魚（虞模）部了。這個"婦"字最能反映古今韻部的變化，它在上古屬之部，到東漢轉入幽部，中古前期隨整個尤韻併入侯（尤幽）部，到中古後期又轉入魚部。

又皆、麻兩部也有變化，表現在內部所屬字的調整上，即皆部中的"佳、涯、卦、畫、罷"和"話"等字轉入麻部。如李白《北風行》叶"開、來、臺、摧、哀、釵、埃、回、灰、裁"。其中"釵"字本屬皆部佳韻，已與咍部合流；而李白的《古意》："君爲女蘿草，妾作兔絲花。輕條不自引，爲逐春風斜。百丈托遠松，纏綿成一家。誰言會面易，各在青山厓。"其中皆韻字"厓"，則押入麻部了。這在當時已成爲一種普遍現象，如杜甫《喜晴》叶"佳、華、花、涯、蛇、賒、家、麻、瓜、瑕、沙、斜、查、嗟"（其中"佳、涯"原屬皆部）。又如慧琳《一切經音義》"涯，音五家切"（《廣韻》五佳切）[15]。

　　陽聲韻部中原收〔-n〕尾的真、文、元、寒、先五部，盛唐之後也合流爲真、痕、寒、先四部。其中元部一分爲二，一半併入先部，一半獨立爲新的痕部。據研究，杜甫的近體詩於元韻字共用 29 次，均與痕（魂）同用；而其古體詩於元韻字共用了 14 次（包括平、上、去三聲），其中元獨用 2 次，與痕魂同用 7 次，與寒桓刪同用 4 次，另與痕寒合用 1 次[16]。這表明元韻字開始和寒部字同用。韓愈、白居易詩於元韻字也是兩用，即既和寒先同用，又和痕魂同用。可能當時口語裏已發生變化，但詩人做詩用韻還未完全擺脫唐律的規定。元韻本屬臻攝，盛唐之後口語裏多已轉入山攝。如白居易《截樹》詩叶"軒、繁、間、端、前、天、顏、還、然、全、山"；而其《醉後狂言酬贈蕭殷二協律》叶"貧、殷、塵、紛、恩、溫、君、雲、論、春、仁、身、人"，未雜一個元韻字。但也有例外，如李商隱《登樂游原》："向晚意不適，驅車登古原。夕陽無限好，祇是近黃昏。"這種情況祇能看作是受功令的限制，或詩人的習慣使然。後來的"平水韻"也一直維持這種規定。於是宋元以後科考場中也一直傳出"該死十三元"的怨言。

　　此外，陽聲韻中的東、冬（鍾）二部也合流了。如杜甫《歲晏行》叶"風、中、弓、農、鴻、庸、銅、蒙、終"；又如白居易《憶江南》詞三首之三叶"宮、蓉、逢"；又韓愈《贈徐州族姪》叶"中、蓬、窮、充、戎、空、惊、宗、工、通、雍"。（其中"農、庸、蓉、惊、宗、雍"原屬冬部。）

　　入聲韻亦發生了與陽聲韻相應的變化。主要表現在進一步合流了，如杜甫《北征》叶"吉、室、日、筚、出、失、勿、切、惚、毕、瑟、血、滅、窟、淅、裂、轍、悦、栗、漆、實、拙、没、末、穴、骨、卒、物、髮、結、咽、雪、襪、膝、折、褐、日、慄、列、櫛、抹、闊、渴、喝、聒、説、卒、豁、紇、突、匹、決、疾、奪、拔、發、碣、殺、月、絶、別、析、妲、哲、烈、活、闥、闕、缺、達"。這些韻字來自《切韻》臻攝的質韻、櫛韻、術韻、物韻、没韻、月韻和山攝的曷韻、末韻、黠韻、鎋韻與屑韻、薛韻。但都還是收〔-t〕尾韻的。

這樣，漢語的韻部系統發展到唐末，除了各部内部部分字發生調整變化外，又主要是趨向於合流，即由齊梁至隋唐（中古前期）的四十三部演變爲晚唐（中古後期）的三十二部。這就是：

阴声韻		阳声韻		入声韻	
1. 支（脂之微）	i	11. 真（諄臻欣）	en	22. 質（術櫛迄）	et
2. 齊（祭廢）	ei	12. 痕（魂文）	ən	23. 没（物）	ət
3. 魚（虞模）	u	13. 寒（桓）	ɑn	24. 曷（末）	ɑt
4. 咍（灰泰）	ai	14. 先（仙刪山元）	an	25. 屑（薛黠鎋月）	at
5. 皆（佳半夬）	ai	15. 東（冬鍾）	uŋ	26. 屋（沃燭）	uk
6. 蕭（宵肴）	au	16. 陽（唐江）	ɑŋ	27. 鐸（藥覺）	ak
7. 豪	au	17. 耕（庚清青）	eŋ	28. 錫（陌麥昔）	ek
8. 歌（戈）	o	18. 蒸（登）	əŋ	29. 職（德）	ək
9. 麻（佳半）	a	19. 侵	əm	30. 緝	əp
10. 尤（侯幽）	əu	20. 談（覃）	am	31. 合（盍）	ɑp
		21. 鹽（添咸銜嚴凡）	am	32. 葉（怗洽狎業乏）	ap

以此三十二部與《廣韻》所注"同用、獨用"的規定對照一下，可

以看出其間的出入，即盛唐以後的律詩比較接近功令的要求；而古風古體則比較自由，更能反映口語的實際情況。同時期或較早的字書注音可能受傳統韻書的影響，也比較保守。如顏元孫《干祿字書》不分脂之、齊祭、灰咍、先仙、蕭宵、談覃、庚清、鹽添等。張參的《五經文字》（775）亦然[17]。但有的詩人用韻則更自由或甚寬。如李賀的詩歌用韻，歌戈與麻同用，魚虞模同用，灰咍齊泰廢同用，支脂之微同用，蕭宵肴豪同用，談覃鹽添咸銜嚴凡同用，寒桓刪山先仙同用，真諄文欣元魂痕同用，陽唐清青同用，東冬鍾同用[18]。而敦煌變文用韻，據研究歸納衹有二十三部，即陰聲韻七部：歌、麻、咍、之、魚、尤、蕭；陽聲韻八部：東、陽、庚、蒸、真、寒、侵、覃；入聲韻八部：屋、藥、陌、職、質、曷、緝、合[19]。

漢語韻部的分化與合流，看來和中國社會的歷史發展有一定的關係。漢唐兩代國家統一，民族共同語的影響較大，反映在詩人用韻上，韻部趨於合流。而南北朝時代，國家分裂，各民族語言之間發生融合，各地方言自行發展，反映在詩人用韻上，韻部趨向於分化。上述中古前期的四十三部是齊梁至隋唐時期的，南北朝早期即晉宋時代的韻部可能還要多。但自近古以後，漢民族共同語的韻部系統則主要是趨向於合流簡化了。

注釋

[1] 于海晏（1902—1999，字安瀾）《漢魏六朝韻譜》，中華書局，1936年。這是作者在上世紀30年代在燕京大學的研究生論文。

[2][4] 羅常培、周祖謨《漢魏晉南北朝韻部演變研究》（第一分冊），科學出版社，1958年。

［3］［6］［8］ 王力《漢語語音史》卷上第二章"漢代音系"，商務印書館，2008年。

［5］ 邵榮芬《古韻魚侯兩部在前漢時期的分合》，載《中國語言學報》第一期，1982年；又《古韻魚侯兩部在後漢時期的演變》，載《中國語文》1982年第6期。

［7］ 裘錫圭《談談古文字資料對古漢語研究的重要性》，載《中國語文》1979年第6期。

［9］ 參看丁邦新《魏晉音韻研究》，史語所專刊之六十五，1975年。丁邦新分魏晉音爲三十七部。又周祖謨《魏晉宋時期詩文韻部的演變》，《中國語言學報》第一期，1982年。收入《周祖謨語言文史論集》，浙江古籍出版社，1988年。周祖謨分兩晉音爲三十九部。

［10］ 參看王力《漢語史稿》（上冊）第二章第十三至十五節，中華書局，2004年。

［11］ 參看蘇培成《現代漢字學綱要》（增訂本），北京大學出版社，2001年。

［12］ 師爲公、郭力《沈佺期、宋之問詩歌用韻考》，《鐵道師範學院學報》1987年第2期。

［13］［16］ 參看張世祿《杜甫與詩韻》，收入《張世祿語言學論文集》，學林出版社，1984年。

［14］ 參看苟春榮《韓愈的詩歌用韻》，《語言學論叢》第九輯，1982年。

［15］ 參看黃淬伯《慧琳一切經音義反切考》，史語所專刊之六，1931年。

［17］ 參看邵榮芬《〈五經文字〉的直音和反切》，《中國語文》1964年第3期。

［18］ 參看萬西康《從李賀詩歌用韻看中唐語音的演變》，《撫州師專學報》1984年第2期。

［19］ 參看周大璞《〈敦煌變文〉用韻考》（一）（二）（三），《武漢大學學報》（社會科學版）1979年3、4、5期。

主要參考文獻

王力《南北朝詩人用韻考》山西人民出版社,2014年。

羅常培、周祖謨《漢魏晉南北朝韻部演變研究》(第一分冊)科學出版社,1958年。

丁邦新《魏晉音韻研究》,史語所專刊之六十五,1975年。

李榮《隋韻譜》載《音韻存稿》,商務印書館,1982年。

張世祿《杜甫與詩韻》,《復旦大學學報》1962年第1期。

鮑明煒《唐代詩文韻部研究》,江蘇古籍出版社,1990年。

第四節　中古聲調系統的演變

關於上古的聲調，自清初以來各家雖有不同的看法，但大多肯定上古漢語是有聲調的。我們主張上古有平、上、去、長入、短入五聲[1]。入聲兩類是音長的區别，從音高來看，實亦爲四類。王力先生關於上古有平、入二聲、又各分長短二調，實際上也是四個聲調，不同的祇是聲調的性質。至於中古時期漢民族共同語的聲調，就是《切韻》系韻書所記録下來的平、上、去、入四聲。這是没有疑義的，也是没有異議的。因此從上古的五聲到中古的四聲，主要不是調類的演變，而是歸字的不同。也就是説，從上古到中古，漢語在聲調上的變化主要是某些字的歸屬不同，即某字讀某調，中古與上古有所不同，而整個調類系統没有什麼大的質的變化，都是平、上、去、入四類。

中古聲調歸字的變化主要表現在陽聲韻和陰聲韻中的上、去二聲字的增多，入聲韻字也有一部分轉爲去聲。

我們知道，上古上、去二聲字比較少，而《切韻》裏的上、去聲字則明顯增多。這些新增加的上、去聲字又是怎樣産生的呢？

先講中古新增的上聲字。它們大都是從上古的平聲轉化而來的。例如"爽、潁、享、朗、饗、往、逞、頸、遁、泯、閔、引、寢、怠、靡、斐、左"等字，在先秦兩漢都是念平聲的。如"享"字，《詩經·小雅·信南山》六章："是蒸是享，苾苾芬芬，祀事孔明。先祖是皇，報以介福，萬壽無疆。"與平聲字"明、皇、疆"相押。又東漢馬融《廣成頌》叶"荒、享、王"。與平聲"荒、王"相押。直到三國魏時還讀平聲。如曹植《文帝誄》叶"嘗、璋、常、鍠、鏘、享、祥、康、光、綱、當、張、揚、翔、匡"。晋宋以後，"享"等字則逐漸轉爲上聲。如潘岳《閑居賦》叶"往、朗"；沈約《誠雅》叶"慌（呼晃切）、蕩、想、象、仰、敞、享、象"。王力先生認爲這類字在上古屬短平[2]。

去聲字在中古增加得更多。上古漢語的去聲雖已形成，但屬字甚少。有的韻部衹有平聲和上聲，還沒有去聲字。有鑒於此，所以段玉裁主張"古無去聲"說。但《切韻》裏所有陰聲韻和陽聲韻差不多都有去聲字。中古漢語大量增加的這些去聲字，追溯其來源，主要有三：

第一，是從平聲轉化來的。如"震、訊、信、運、翰、汗、憲、患、嘆、控、誦、狀、愴、定、慶、竟、勝、應、化、配"（多是陽聲韻字）等。（如《詩經·王風·中谷有蓷》一章："中谷有蓷，暵其乾矣；有女仳離，嘅其嘆矣。嘅其嘆矣，遇人之艱難矣。"又《大雅·皇矣》三章："維此王季，因心則友。則友其兄，則篤其慶。載錫之光，受禄無喪，奄有四方。"）其中有些字如"嘆、汗、翰、患、震"等直到晋宋時代還常讀平聲。如潘岳《狹室賦》叶"難、患、寒、嘆"，左思《吳都賦》叶"震、欣、臣、陳"。宋齊以後，這些字則轉爲去聲。如謝朓《侍宴曲水》詩叶"震、潤、盡、鎮"，江淹《學梁王菟園賦》叶"亂、嘆、半"。

第二，中古一些去聲字是從上古上聲轉來的。如"又（右）、忌、顧、怒、愍、下、據、報、孝、狩、究、秀、麗、濟"等字本讀上聲。如《詩經·小雅·裳裳者華》四章："右之右之，君子有之。維其有之，是以似之。"《邶風·凱風》三章："爰有寒泉，在浚之下。有子七人，母氏勞苦。"又《邶風·谷風》一章："習習谷風，以陰以雨。黽勉同心，不宜有怒。采葑采菲，無以下體。德音莫違，及爾同死。"又如《楚辭·九歌·國殤》："霾兩輪兮縶四馬，援玉枹擊鳴鼓。天時懟兮威靈怒，嚴殺盡兮棄原野。"

其中"右、下、怒"等字漢代以後逐漸變讀爲去聲。再以"麗"字爲例，西漢以前屬歌部上聲，如司馬相如《大人賦》叶"麗、倚"；揚雄《羽獵賦》叶"麗、靡"。東漢轉入支部，有上、去兩讀，班固《東都賦》叶"麗、侈"，讀上聲；無名氏《楊孟文石門頌》叶"易、（歸）、麗"，讀去聲。晉宋以後則完全轉爲去聲。如江淹《傷友人賦》叶"桂、替、麗"。《切韻》歸入去聲霽韻。又如"濟"字，上古讀上聲，如《詩經·大雅·旱麓》："瞻彼旱麓，榛楛濟濟。豈弟君子，干祿豈弟。"東漢開始有去聲一讀，但直到晉宋還是以讀上聲爲主。齊梁以後去聲的讀法逐漸多起來，但齊梁時代仍有讀上聲的。如丘遲《九日侍宴樂遊苑》詩叶"醴、榮、濟"。到《切韻》裏"濟"字一般讀去聲，在霽韻，子計切，義爲"渡也，定也，止也，又卦名，既濟"（據《廣韻》），即多用於"渡水、渡口、流通、成功、救助、增益、停止"等義；但用於水名，在上聲薺韻，子禮切。今"濟南、濟水"仍念上聲 jǐ。"濟（jǐ）水"和"濟（jì）水"（渡河）不同詞義、不同詞性。

第三，更多的去聲字則是由入聲轉化而來的。如"替、歷、帶、歲、至、季、棄、外、逝、邁、惠、敗、愛、艾、渭、貴、世、位、衛、對、內、利、害"等等。其中"替"字，東漢以前屬質部。張衡《東京賦》叶"結、節、替、譎、秩"。晉宋以後轉讀爲去聲，江淹《傷友人賦》叶"桂、替、麗"，《切韻》歸屬去聲霽韻。《切韻》中的"祭、泰、夬、廢"四個去聲韻字在上古基本上讀入聲，屬月部。如《詩經·豳風·七月》一章叶"發、烈、褐、歲"，又《小雅·正月》八章叶"結、厲、滅、威"，又《蓼莪》五章叶"烈、發、害"，又《車舝》一章叶"舝、逝、渴、括"；又《大雅·蕩》八章叶"揭、害、撥、世"，又《烝民》三章叶"舌、外、發"。直到齊梁時代，這些字還常與入聲字押韻。如范曄《後漢書·孝靈帝紀贊》叶"孽、缺、衛"，又《張曹鄭列傳贊》叶"世、祭、缺、輟"。江淹《孫緬墓銘》叶"衛、世、烈、節、藝、轍、缺、喆、結、閉、戚"；謝莊《月賦》叶"末、脫、瀨、藹"。它們轉爲去聲是中古後期的事。在《切韻》系韻書裏這四韻的地位比較特殊，都沒有相應的平、上聲，就是由於它們轉化得比較晚的緣故。《切韻》序裏提到了"秦隴去聲爲入"，可見當時方言裏仍然還沒有轉化爲去聲、而保持入聲的讀音的。

　　許多字有兩讀甚至三讀、四讀。這種現象大都是漢魏以後產生的。如"衣、妻、看、望、勝、思、文"等字有平、去兩讀；"語、去、上、下、舍、走、子"等字有上、去兩讀；"射、食、易、畫、識、惡、宿、暴、溺、契、害"等有去、入兩讀。有的異讀還有聲母或韻母的不同，如"射"字，念入聲羊益切，義爲"厭也"，又爲"十二律之一"，喻母，昔韻，今念 yì；讀去聲神夜切，義爲"射弓也"，船母，禡韻，今念 shè；此字還有一讀，即去聲羊謝切，用於官名"僕射"，喻母，禡韻，今念 yè。《切韻》—《廣韻》系韻書裏一般都有記錄，有的祇見於《集韻》。如"子"字，《廣韻》祇有上聲即里切一讀，而《集韻》則有上聲祖似切和去聲將吏切兩讀。古籍裏一般也有反映。如"走"字，《廣韻》上聲厚韻，子苟切，義爲"趨也"；又去聲候韻，則候切，引"《釋名》曰'疾趨'"。《漢書·高帝紀上》："從間道走軍"，顏師古注："服虔曰：'走音奏'，……師古曰，……走謂趨向也。"其中去聲一讀大多是後起的。古書裏有"如字"（本讀）和"破讀"（讀破）的區別，清初以來一些學者如顧炎武等認爲這種"破讀"是六朝經師"妄生分別"。這是他們不懂得語言是社會現象，也未能認識到這是語言歷史變化的結果，是適應詞義的演變和詞性的分化的需要而產生的語音的變化。"破讀"實際上就是一種構詞手段，即變調構詞法，與雙聲、疊韻構詞是屬於同一性質的。

　　從上述的上、去聲字的大量增加來看，自上古到中古的聲調變化顯然也是相當大的。中古以後由於許多去聲字從入聲中分化出來了，入聲韻和陰聲韻的關係就逐漸疏遠。在詩歌韻文中去、入極少通押，陰、陽、入三種韻類的分野更爲明朗。同時由於入聲韻尾與陽聲韻尾在發音部位上相當，因此陽、入兩類韻的相配更趨於整齊，即-n:-t，-ŋ:-k，-m:-p。這種系統性的轉變，正顯示出漢語語音系統由上古到中古所發生的質的變化。

注釋

［1］　唐作藩《上古漢語有五聲說》，《語言學論叢》第三十三輯，商務印書館。

［2］　王力《漢語史稿》第二章第十六節"上古聲調的發展"，中華書局。

主要參考文獻

賴維勤（Raitsu tomu）《論漢語聲調的發展歷史》，見《論上古音》，載日本《世界大百科事典·語言篇》，平凡社。

周祖謨《四聲別義釋例》，《問學集》上冊，中華書局，1966年。

唐作藩《破讀音的處理問題》，《辭書研究》第2期，1979年。

孫玉文《漢語變調構詞研究》，北京大學出版社，2000年。

練習五

一、查出下列字的《廣韻》聲韻等呼、中古韻部和上古韻部，並構擬其上古讀音：

有關家國書常讀，無益身心事莫爲

丈夫志四海，萬里猶比鄰

二、試比較中古前期的四十三部和中古後期的三十二部的異同。

三、從下列各首詩的押韻，看從上古到中古韻部和聲調的變化：

1. 陶淵明《勸農》六首之四（"氣節易過"）

2. 鮑照《擬行路難》八首之九（"剉蘗染黃絲"）

3. 顏之推《古意》（"十五好讀書"）

4. 李白《把酒問月》

5. 杜甫《去秋行》

6. 韓愈《感春》三首之三（"晨游百衣林"）

四、從《廣韻》或《集韻》中查出下列各字是否有兩種讀音，它們的詞義與詞性有何不同？

風　從　文　騎　思　假　近　敗　惡　屏　度　過　祝　爲

五、從《廣韻》反切推出下列《説文》部首的現代普通話讀音：

珏 古岳切，屮 丑列切，癶 北末切，辵 丑略切，厶 息夷切

乁 余忍切，𠂇 臧可切，殳 市朱切，丶 知庾切，卩 子結切。

第四章　從中古到近古漢語語音系統的發展

第一節　《中原音韻》與近古漢語語音系統

一、研究近古語音的根據

近古時期是從宋代到清末（即公元10世紀到19世紀），將近一千年，也是一個比較長的時期。經過分裂的唐末五代，宋王朝統一後，很快又出現宋和遼、金的對峙。元代也是個戰事不息的動蕩時代。明、清兩朝比較穩定，出現了資本主義的萌芽。但是由於頑固的封建統治，中國社會沒有發展到資本主義。後來由於帝國主義的入侵，中國淪爲半封建半殖民地的社會。這種社會歷史的發展也不斷促進漢語迅速地演變。從中古到近古漢語語音系統的發展也是很大的，無論其聲母、韻母或聲調都發生了顯著的變化。

反映這個時期語音變化的材料也是豐富多樣的，除了韻文，還有大量的韻書、韻圖以及對音資料等等。

韻文方面有宋詞、元曲、明傳奇、明清的彈詞、鼓詞和民歌等。還有宋詩、元詩的用韻也不可忽視。

韻書方面，如北宋丁度的《集韻》（1039）、金韓道昭的《五音集韻》（1208—1211）、金王文郁《平水韻略》（1229）、南宋劉淵《壬子新刊禮部韻略》（1252）、元黃公紹《古今韻會》（1292）及熊忠的《古今韻會舉要》（1297）、元周德清《中原音韻》（1324）、無名氏《中原雅音》（見章黼《韻學集成》，1398—1460）、卓從之《中州樂府音韻類編》（簡稱《中州音韻》，又名《北腔韻類》，1351）、明樂韶鳳、宋濂《洪武正韻》（1375）、蘭廷秀《韻略易通》（1442）、陳鐸《菉斐軒詞林韻釋》（1483）、王文璧《中州音韻》（1499—1503）、王荔《正音捃言》（16世紀初）、畢拱辰《韻略匯通》（1642）、清趙紹箕《拙菴韻悟》（1674）、沈乘麐《曲韻驪珠》（1746）和李汝珍《李氏音鑒》（1810）等。

韻圖方面有宋邵雍《皇極經世書·聲音倡和圖》、《盧宗邁切韻法》（1179）、《切韻指掌圖》（1230 之前）、《四聲等子》（宋末元初）、元劉鑒《經史正音切韻指南》（1336）、明桑紹良《青郊雜著》（1543）、徐孝《重訂司馬溫公等韻圖經》（1602）、呂坤《交泰韻》（1603）、喬中和《元韻譜》（1611）、清樊騰鳳《五方元音》（1654—1673）、阿摩利諦等《三教經書文字根本》（1699—1702）、都四德《黃鍾通韻》（1744）、華長卿《韻籟》（1824—1854）、裕恩《音韻逢源》（1840）等。

對音材料主要的有：元代八思巴文與漢字對音（這是元國師八思巴仿藏文體式製作的用以拼寫漢語的一種拼音方案，見於1308年朱宗文校訂的《蒙古字韻》），明代諺文與漢字對音（這是朝鮮鄭麟趾、申叔舟等於1444年創制、1446年公布的《訓民正音》，見於《老乞大諺解》和《朴通事諺解》），清代滿文與漢字對音，如法人張誠（J. F. Gerbillon，1654—1707）著《滿文字典》、李光地等《音韻闡微》（利用滿文12字頭改良反切，名爲"合聲反切法"，1726）、無名氏《圓音正考》（1743）。此外，還有意大利人金尼閣（Nicolas Trigault，1577—1629）的《西儒耳目資》（第一部用羅馬字母記錄當時北方話音系的著作，1626）[1]、英人馬禮遜

（Robert Morrison，1782—1834）《五車韻府》（1815—1823）、英人威妥瑪（Thomas Francis Wade，1818—1895）《語言自邇集》（1867）等。

這個時期由於時間長、資料多，我們也可以分爲兩個階段來討論。第一個階段以《中原音韻》爲代表來研討由中古到近古漢語語音的發展；第二個階段則以徐孝的《重訂司馬溫公等韻圖經》爲代表來考察由近古如何過渡到現代漢語語音系統的。

二、《中原音韻》的語音系統

1. 《中原音韻》的作者與體例

《中原音韻》是元代新編的一部韻書。作者周德清，字日湛，號挺齋，瑞州高安瑕堂（今江西高安楊墟鄉老屋村）人[2]。周德清是位音韻學家，也是個詩人，善填詞作曲。

《中原音韻》的內容包括兩部分："韻譜"和"正語作詞起例"。後者討論了作曲方法、曲的格律（曲譜、用韻及平仄）和一些語音上的問題。韻譜的體例（編排方式）和《廣韻》系韻書有明顯的不同。《廣韻》是以四聲（平、上、去、入）爲綱，分爲五卷，它的語音系統寓於反切之中。而《中原音韻》不注反切，它的語音系統就反映在韻譜裏。韻譜以韻部爲綱，不分卷。共分十九個韻部，即東鍾、江陽、支思、齊微、魚模、皆來、真文、寒山、桓歡、先天、蕭豪、歌戈、家麻、車遮、庚青、尤侯、侵尋、監咸、廉纖。每個韻部下又按四聲（平聲陰、平聲陽、上聲和去聲）收字，同聲調的字又依聲母或韻母的不同分別排列，用小圓圈隔開。每個圓圈下的字是一同音字組，即所謂"每空是一音"。全書共收 5866 字，共有 1586 個空，相當於 1586 個音節。但重空有 136 個，實有 1450 個音節[3]。所收字有的有又讀，實有 5443 字。其中有 160 多字不見於《廣韻》，如"怎、您、瞌、耍、捱、擯、捾、瞧、起……"由於總收字不多，而且一般不加注釋，所以比起《廣韻》來篇幅要少得多。但它在研究漢語語音史上的作用并不低於《廣韻》系韻書。

2.《中原音韻》的研究方法

研究《中原音韻》音系的方法，也不同於研究《廣韻》系韻書。考求《廣韻》的聲韻系統主要是利用其反切上下字進行系聯，即陳澧所創的系聯法；而《中原音韻》不注反切，考求它的音系就得另想辦法。羅常培先生著《中原音韻聲類考》[4]，首創歸納法，即用傳統的三十六字母和《廣韻》206 韻的韻目標注《中原音韻》"韻譜"中的同音字組每個字的聲母與韻母；如果發現它的同一組字音中包括兩個或兩個以上的字母或韻目，就證明它們在《中原音韻》裏已合併爲一個聲母或韻母了。例如東鍾部：

平聲陰 ○鍾鐘（照三、鍾韻）中忠衷（知母、東韻三等）終（照三、東三），○通蓪（透母、東一），○松（邪母、鍾三）嵩（心母、東三），○翀种（澄母、東三）充（穿三、東三）衝艟𦪌（穿三、鍾韻）舂憃（審三、鍾韻）忡（徹母、東三）……；

平聲陽 ○同筒銅桐峒童僮瞳曈朣潼（定母、東一）彤（定母，冬韻），……○重（澄母、鍾韻）蟲（澄母、東三）慵鱅（禪母、鍾韻）崇（床二、東三）……；

上聲 ○董懂（端母、東一），○腫踵種（照三、鍾韻）冢（知母、鍾韻），○孔（溪母、東一）恐（溪母、鍾韻）……；

去聲 ○粽（照三、送韻）中（知母、送韻）仲（澄母、送韻）重（澄母、腫韻）種（照三、用韻），〇洞（定母、送韻）動（定母、董韻）棟凍涷（端母、送韻），〇貢（見母、送韻）共（群母、用韻）供（見母、用韻）……。

　　從中可見在陰平聲和上聲的條件下，照三和知母合併，澄母與穿三、徹母及部分審母合併了；在陽平聲的條件下，澄母與禪母、床二合併了；在去聲條件下，澄母與照三合併、定母與端母合併、群母與見母合併了。羅常培先生創此法考證出《中原音韻》有二十個聲母。趙蔭棠先生則用此法考訂了《中原音韻》的韻母系統[5]。

　　甯繼福教授著《中原音韻表稿》[6]提出內部論證法。他根據《中原音韻》中"正語作詞起例"的說明，即"一音韻內每空是一音，以易識字為頭，止依頭一字呼吸，更不別立切腳"，并運用現代音位學的原理，分析每個韻部下的同音字組，認定它有多少不同類別，然後辨析它哪些是聲母的不同，哪些是韻母的不同。這也需要和36字母與《廣韻》音系進行比較。例如江陽韻部中同為平聲陰或平聲陽、又同一聲母（見／溪／匣）的字分別構成三個小韻：岡／姜／光，康／腔／匡，杭／降／黃……。即可推知"岡康杭"的韻母是[aŋ]，"姜腔降"的韻母是[iaŋ]，"光匡黃"的韻母是[uaŋ]。至於聲母"見、溪、匣"在《中原音韻》裏的實際音值通過比較也可以擬測出來。

　　3.《中原音韻》的聲韻調系統

　　研究者的方法不同，其結論往往不相同；就是方法相同，其結論也不一定一致。比如關於《中原音韻》的聲母系統，羅常培主張有二十個，王力主張有二十四個[7]，楊耐思、李新魁、陳新雄、薛鳳生都主張有二十一個[8]，甯繼福則認為有二十一或二十五個。我們同意有二十五個。

這就是：

唇音	幫 [p]	滂 [pʻ]	明 [m]		非 [f]	微 [v]
舌音	端 [t]	透 [tʻ]	泥 [n]		來 [l]	
齒音	精 [ts]	清 [tsʻ]		心 [s]		
	知 [tʃ]	痴 [tʃʻ]		十 [ʃ]	日 [ʒ]	
	之 [tʂ]	齒 [tʂʻ]		詩 [ʂ]	兒 [ʐ]	
牙音	見 [k]	溪 [kʻ]	疑 [ŋ]	曉 [x]		
喉音	影 [ø]					

《中原音韻》的十九個韻部，包含多少個韻母，學者們的意見也不一致，我們認為有 47 個韻母。這就是：

1.	東鍾			uŋ	iuŋ
2.	江陽	aŋ	iaŋ	uaŋ	
3.	支思	ɿ、ʅ			
4.	齊微	ei	i	uei	
5.	魚模			u	iu
6.	皆來	ai	iai	uai	
7.	真文	ən	iən	uən	iuən
8.	寒山	an	ian	uan	iuan
9.	桓歡	ɔn			
10.	先天		ien		iuen
11.	蕭豪	au	iau / ieu		
12.	歌戈	o	io	uo	

13. 家麻	a	ia	ua	
14. 車遮		ie		iue
15. 庚青	əŋ	ieŋ	ueŋ	iueŋ
16. 尤侯	əu	iəu		
17. 侵尋	əm	iəm		
18. 監咸	am	iam		
19. 廉纖		iem		

《中原音韻》的聲調系統則是平聲陰、平聲陽、上、去，亦即陰平、陽平、上聲、去聲四個調類。周德清在其自序裏説："字別陰陽者，陰陽字平聲有之，上去俱無。上去各止一聲，平聲獨有二聲。"又其《正語作詞起例》裏説："平、上、去、入四聲，《音韻》無入聲，派入平、上、去三聲。前輩佳作中間，備載明白，但未有以集之者；今撮其同聲，或有未當，與我同志改而正諸！"又云："入聲派入平、上、去三聲者，以廣其押韻，爲作詞而設耳。然呼吸言語之間，還有入聲之別。"因此，各家對《中原音韻》是否還存在入聲尚有不同的看法。我們認爲，周德清的口語（高安方音）裏甚至當時某些北方方言還保存有入聲，這是完全可能的。但他記錄的《中原音韻》音系則肯定已"無入聲"。

不管學者們的意見有多大分歧，但都承認《中原音韻》的聲韻調系統已經與《廣韻》音系大不相同，而與現代普通話的語音系統很接近了。

4.《中原音韻》的版本

關於《中原音韻》的版本。周德清於元泰定甲子（1324年）寫定《中原音韻》後，將稿本交與他的朋友蕭存存。不幸蕭存存早逝，未能付梓。

周氏"嘗寫數十本，散之江湖"。後又將修改稿交友人羅宗信。刊行不會晚於元順帝至正八年（1348），但至今未發現此種本子。現在流行較廣較早的刊本是明代的翻刻本和增訂本。國家圖書館所藏瞿氏鐵琴銅劍樓藏本，約刊於弘治元年至正德十五年（1488—1520）。此外，有明程明善輯錄的《嘯餘譜》所收的本子（初刊於明萬曆四十六年，即 1618）。其增訂本有明王文璧所編的，約成於16世紀初。上世紀60年代初中國科學院哲學社會科學部文學研究所收集到一個新發現的明刻本，題爲"正統辛酉冬十二月旴江訥菴書"。"正統辛酉"即明英宗正統六年（1441）。這是現存最早也是最好的本子，已由陸志韋先生、楊耐思先生校訂，中華書局1978年影印出版。

三、《中原音韻》的性質與作用

周德清編纂《中原音韻》時，他自己並未完全意識到它的重要意義和愈來愈大的作用。他的目的衹是爲"作詞（即戲曲，具體指北曲）"正音而設。周氏在自序裏説："言語一科，欲作樂府，必正言語；欲正言語，必宗中原之音。樂府之盛、之備、之難莫如今時。其盛則自縉紳及閭閻歌咏者衆。其備則自關、鄭、白、馬一新製作，韻共守自然之音，字能通天下之語。"故知周氏纂書的目的是正音，其標準是"中原之音"。而關漢卿、鄭光祖、白樸、馬致遠四大戲曲家的作品就體現了這種"能通天下之語"的中原之音的。《中原音韻》就是主要分析、歸納元曲四大家的作品用韻而成的。它完全不受傳統韻書的束縛，在音韻學史上開創了一個新的天地、新的方向、新的路子。但是，在民國以前五六百年間，《中原音韻》一書在知識界一直未被重視。人們吟詩填詞遵循的是"平水韻"，對反映時音俗語的《中原音韻》根本不看在眼裏，猶如看不起爲群衆所喜愛的戲曲一樣。所以在清代編纂的分爲經、史、子、集的《四庫全書》裏，在"經學"的小學類中没有《中原音韻》的地位，而把它編入"集"中，隸屬於詞曲類。

然而，《中原音韻》在中國韻書史上的確是一次重大的突破，一次徹底的改革。人們越來越認識到這一點。周德清當時所做的這種突破和改革，是非常了不起的，是需要很大的勇氣的。

我們知道，隋代《切韻》音系本來就不完全是一時一地之音，經過隋唐五代四百來年，漢語的語音系統已不斷地在發生變化，口語和書面語的距離越來越大。而宋代的《廣韻》還要維持四百年前的系統，可見其頑固保守已至何種程度！原因就是皇帝頒布的，皇帝的聖旨，誰也不敢違抗。但客觀事實又有另一方面：本來《廣韻》系韻書都是士人學子自己編纂的，並以指導詩文用韻爲目的的，然而韻書編出後，除了科場上，所謂"懸科取士，考覈程準"，一般詩人都不遵守它，因爲"苦其苛細"。唐初禮部尚書許敬宗上書"奏合而用之"。這就是韻目下加注"同用、獨用例"的緣起。到了宋代，由於語音又發生新的變化，這種允許"同用"的規定仍然解決不了問題。所以在《廣韻》一書編成（宋真宗大中祥符元年，即 1008）前一年，即真宗景德四年就開始纂修《集韻》，到仁宗寶元二年（1039）完成。《集韻》將一些類隔切改爲音和切，并調整了一些"獨用、同用例"，如文、欣原各爲獨用，《集韻》改爲同用。但其 206 個韻目未更動，仍沿襲《廣韻》的。不過從此也開了改革《切韻》系韻書之風。

《集韻》是部卷帙浩繁的著作，共有十卷。故作者丁度等在着手編纂《集韻》時，還編寫了一部《禮部韻略》，實爲《集韻》的綱要或簡編，宋仁宗景祐四年（1037）編定，并刊定窄韻十三[9]，允許就近通用。如"文吻問物"與"欣隱焮迄"通，"鹽琰豔葉"與"沾（添）忝桥（㮇）帖"、"嚴儼驗業"通，"咸豏陷洽"與"銜檻鑑狎"、"凡範梵乏"通，"隊"與"代、廢"通。如將這十三處（實爲 35 處）通用例再加上原來《廣韻》的同用、獨用例，都予以歸併，實際祇有 107 韻了。宋理宗淳祐十二年（1252）江北平水劉淵著《壬子新刊禮部韻略》就是合併了通用諸韻而成 107 韻。此前金哀宗正大六年即宋理宗紹定二年（1229）王文郁所編《平水韻略》已改併爲 106 韻，即又將蒸（登）的上聲拯（等）併入青韻的上聲迥韻。這就是後來很有影響的"平水韻"（其中上平 15 韻，下平 15 韻，上聲 29 韻，去聲 30 韻，入聲 17 韻）。在"平水韻"產生之前二十一年，金韓道昭於金章宗泰和八年即宋寧宗嘉定元年（1208）著有《改併五音集韻》，已參照《廣韻》的"同用獨用例"把 206 韻歸併爲 160 韻。這已開了併韻的先河。《五音集韻》還同時將每韻內的小韻依"以見母牙音爲首、終於來母字的三十六字母"的次序重新加以排列。這是將等韻學的內容方法納入韻書之中，更便於檢索和識別[10]。

　　"平水韻"產生之後，元代初年黃公紹著《古今韻會》，成書約在元至元二十九年（1292）之前（但此書今已不傳）。不久，熊忠又在黃氏書的基礎上刪節修訂而成《古今韻會舉要》，成書在元成宗大德元年（1297）。書中仍依劉淵的"平水韻"分 107 韻。但從其反切上字來看，可知其疑母實已與喻母合流（如"尤"字，《廣韻》羽求切，《集韻》于求切，而《舉要》疑求切）；又祇有照、穿、牀而無知、徹、澄（如"陟"字，《廣韻》《集韻》均竹力切，而《舉要》質力切），亦可知知、照兩類已合流[11]。

　　以上自《集韻》到《舉要》都在不同程度上反映了宋元時代漢語語音的發展變化，但它們都祇是在《切韻》系韻書的基點上做了一些調整和改革，多是將《廣韻》系統機械地加以合併，都沒有完全擺脫傳統韻書的影響和束縛。改革很不徹底，祇能説是一種改良。惟有14世紀周德清的《中原音韻》才是中國音韻學史上一部徹底革新的著作。如上文所述，它不僅在體例上，而且在內容上都沒有因襲的痕迹，絲毫不受傳統韻書的約束。它祇有一個標準，那就是"中原之音"，即以北方話爲基礎的共同語。周氏在其《正語作詞起例》中説："余嘗於天下都會之所，聞人間通濟之言，世之泥古非今、不達時變者衆，呼吸言語之間，動引《廣韻》爲證，寧甘受齼舌之誚而不悔，亦不思混一日久，四海同音。上自縉紳講論治道，及國語翻譯、國學教授言語，下至訟庭理民，莫非中原之音。"這段話充分體現了周德清的徹底革命精神，同時也表明了近代官話即新時期的漢民族共同語已經形成。當時社會上各種交際場合已都以這種共同語"中原之音"爲標準。

　　周德清雖然是南方人，但他編著的《中原音韻》所記錄的確乎是以北方話爲基礎的共同語的語音系統。因爲他在北京居住過較長時間，自己又會作曲；特別是他的書根據的是當時的北方戲曲，而且主要是早期北曲四大家關、鄭、白、馬的作品。周氏正是將這些前輩名家的作品用韻加以歸納、編成《中原音韻》一書，以指導戲曲的創作。我們知道，元代北方戲曲是在民間文學的基礎上發展起來的，它的內容深刻地反映了元代的現實生活，它的語言最接近口語。所以戲曲文學爲廣大人民群衆所喜愛。周德清的書既然是根據這種戲曲語言編成的，那麼它反映元代活的北方話的程度就可以想見了。因此，我們認定《中原音韻》就是近代漢民族共同語的基礎方言——北方話的語音系統的實際記錄。

　　漢語的歷史表明，在民族共同語發展的過程中，北方話一直起着主導作用，始終是它的基礎方言。但北方話的分布很廣闊，在歷史上共同語總是以某一地區爲中心。從遠古時期到中古末期，黃河流域中下游即主要是濟南以西、西安以東的華夏地區是漢語的中心地帶。因爲長時期以來這個地區一直是中國文化、政治的中心。而自十二三世紀遼、金以後，隨着全國政治、文化、經濟的歷史條件的轉移，漢語的中心轉移到了北京[12]，從此，北京話的影響就愈來愈大，北京語音就逐漸成爲民族共同語的標準音。這就是近代"官話"——現代普通話的前身。周德清所記錄的能"通天下之語"的"中原之音"，正是這種正在形成的和廣泛傳播的標準音。所以我們說，周德清的《中原音韻》是我們瞭解和研究近古漢民族共同語的代表著作，它對我們探討現代普通話的形成與發展的歷史有着重大的參考作用。

　　《中原音韻》是一部劃時代的音韻學著作，但《四庫全書總目提要》說它"以後來變例，據一時以排千古，其傎殊甚"。錢大昕竟指責它是"無知妄作"。但劉熙載《曲概》却贊它"不階古音，……永爲曲韻之祖"。《四庫全書》也不得不承認它"所定之譜，則至今爲北曲之準繩"。

　　《中原音韻》這種對傳統韻書進行徹底改革的做法也給以後的韻書以很大的影響，如朱權《瓊林雅韻》（1398）和陳鐸《詞林要韻》（1483）都是以中原音韻爲藍本而增補注釋的。又蘭茂《韻略易通》（1442）的分部也基本上依《中原音韻》，祇是將魚模分爲居魚和呼模兩部，共二十部；此外則把當時北方話的聲母用一首早梅詩紀錄下來[13]。畢拱辰的《韻略匯通》(1642)又是以改編蘭書而成的,它把收 [-m] 尾諸韻部分別併入了收 [-n] 尾諸韻部。這正是受了《中原音韻》根據實際語音來審音的影響。

當然,今天音韻學界對《中原音韻》的性質問題和音系中有無入聲等問題,還有不少的爭論與不同的看法,這是很正常的[14]。

注釋

[1] 此前二十多年間,意大利人利瑪竇(Matteo Ricci,1552—1610)曾在廣東及南昌、南京等地傳教,1598 年在來北京途中完成附有拉丁字母拼音的漢字字彙表,但未成書印行。金尼閣是在利瑪竇逝世那年來華的。傳說利氏於 1605 年編有一本《西字奇迹》,實爲誤傳。參看魯國堯《明代官話及其基礎方言問題——讀〈利瑪竇中國札記〉》,《南京大學學報》1985 年第 4 期;又見《魯國堯語言學論文集》,江蘇教育出版社 2003 年。

[2] 《元史》無傳。甯繼福先生曾對周德清的身世做過深入的調查研究,認定周氏生於 1277 年,殁於 1365 年,他是北宋理學家周敦頤的六世孫,其曾祖遷居高安。參看甯繼福《周德清生卒年與中原音韻初刻時間及版本》,《吉林大學學報》第 2 期,1979 年;又《甯忌浮文集》,吉林人民出版社,2010 年。

[3] 此據訥菴本統計。此本刻於明正統六年(1441),陸志韋、楊耐思校,中華書局 1978 年影印出版。

[4] 《史語所集刊》第二本第四分,1932 年。又《羅常培文集》第 7 卷,山東教育出版社,2008 年。

[5] 《中原音韻研究》,商務印書館,1936 年。

[6] 《中原音韻表稿》,吉林文史出版社,1985 年。

[7]　《漢語史稿》第二章第十七節，中華書局，2004 年。

[8]　楊耐思《中原音韻音系》，中國社會科學出版社，1981 年；李新魁《中原音韻音系研究》，中州書畫社，1983 年；陳新雄《中原音韻概要》，臺北：學海出版社，1990 年；薛鳳生《中原音韻音位系統》(魯國堯等譯)，北京語言學院出版社，1990 年。

[9]　舉平以賅上、去、入，實有 35 處。

[10]　參看甯忌浮《校訂五音集韻》，中華書局，1992 年。

[11]　參看花登正宏《古今韻會舉要反切考》，日本《東方學》第 58 輯，昭和 54 年，即 1979 年；竺家寧《古今韻會舉要的語音系統》，臺灣學生書局，1986 年；甯繼福《古今韻會舉要及相關韻書》，中華書局，1997 年。

[12]　元、明、清都建都北京。遼代置南京，也稱"燕京"；金貞元元年即 1153 年遷都燕京，改稱"中都"。元至元四年即 1267 年改叫"大都"。如果從五代後晉(936—946)置燕京計起，至今已逾一千年了。

[13]　詩云："東風破早梅，向暖一枝開。冰雪無人見，春從天上來。"

[14]　參看《中原音韻新論》，北京大學出版社，1991 年。又耿振生主編《近代官話語音研究》，語文出版社，2007 年。

主要參考文獻

趙蔭棠《中原音韻研究》，商務印書館，1936 年。

羅常培《中原音韻聲類考》，《史語所集刊》第二本第四分，1932 年。

陸志韋《釋中原音韻》，《燕京學報》第 31 期，1946 年。

王　力《漢語史稿》(上冊)，科學出版社，1957 年；合訂本，中華書局，2004 年。

邵榮芬《中原雅音研究》，山東人民出版社，1981 年。

楊耐思《中原音韻音系》，中國社會科學出版社，1981年。

李新魁《中原音韻音系研究》，中州書畫社，1983年。

甯繼福《中原音韻表稿》，吉林文史出版社，1985年。

薛鳳生《中原音韻音位系統》，北京語言學院出版社，1990年。

周祖謨等《中原音韻新論》，北京大學出版社，1991年。

耿振生主編《近代官話音研究》，語文出版社，2007年。

第二節　近古聲母系統的發展

漢語的聲母系統，自中古後期的三十四個聲母到《中原音韻》的二十五個聲母，不僅數量上減少了九個，而且在內容上也有很大的變化。這主要有三個方面。

首先是漢語語音史上著名的全濁聲母清音化。這個問題，同學們在"漢語音韻學"課裏已作爲重點學習過，印象一定很深[1]。這裏不再做詳細的講解，祇簡略地提示一下，然後着重討論它的演變過程。

大家還記得嗎？中古後期三十四聲母中全濁聲母有哪些？即有"並、奉、定、澄、從、邪、牀、禪、群、匣"等十個，比中古前期少了個"崇"母，多了個"奉"母；和三十六字母中的全濁音則完全相同。

全濁聲母清化的規律，大家知道，就是全濁塞音和塞擦音聲母，平聲字變爲送氣清音，仄聲字變爲不送氣清音；全濁擦音則演變爲相應的清音。下面舉些例字：

（一）塞音、塞擦音

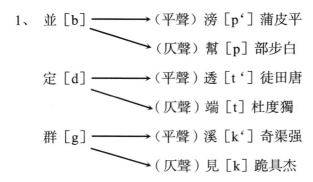

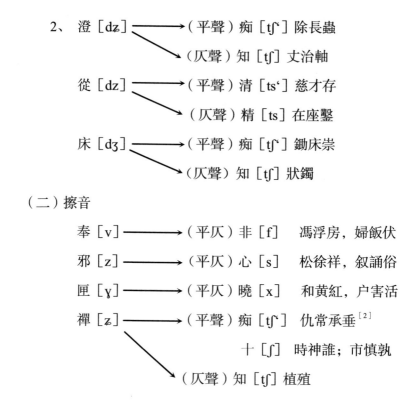

这条汉民族共同语的全浊声母清化的规律，不是到现代才实现的，它有一个演变过程。早在六百多年前，《中原音韵》音系里，就已经完全没有全浊声母了，因为在《中原音韵》的"韵谱"中已将当时同韵母的原中古全浊声母字和清声母字并入同一个"空"（小韵）里，即已成为同音字组。例如东钟韵部的去声字"洞动（定母）栋冻鲀（端母）"同音，"凤奉（奉）讽（非）[3]缝（奉）"同音，"贡（见）共（群）供（见）"同音，"众（章）中（知）仲重（澄）种（章）"同音，"纵（精）从（从）粽（精）"同音[4]。

但我们知道，语音的变化是逐渐进行的。我们研究语音发展史，重要的是要進一步探求它的演變過程與發展規律。既然《中原音韻》已經完成了這個全濁聲母清音化的過程，那麼它們開始清化的時間可能會更早一些。事實上，全濁聲母的清音化自 9 世紀就已顯露端倪。比如反映唐末西北方音的《開蒙要訓》的注音，就存在清濁聲母相混的現象。如"瓢（並）音標（幫）"，"嵩（心）音松（邪）"，"甘（見）音柑（群）"等。又敦煌發現的 10 世紀俗文學抄本裏有"輩（幫）"誤寫作"倍（並）"，"泛（非）"誤作"梵（奉）"或"飯（奉）"，"妃（敷）"誤作"肥（奉）"，"到（端）"誤作"道（定）"，"盡（從）"誤作"進（精）"，"瀉（心）"誤作"謝（邪）"，"既（群）"誤作"及（見）"，"華（匣）"誤作"化（曉）"等[5]。又唐李肇《唐國史補》[6]卷下有一條云："今荊襄人呼提（定）爲堤（端），……關中人呼稻（定）爲討（透），呼釜（奉）爲付（非）。"但這種相混的現象還不成系統。到了宋代，北方話的全濁聲母才表現出成系統的有規律的變化來。邵雍的《皇極經世·聲音倡和圖》就反映了這種現象。

邵雍（1011—1077）字堯夫，號安樂先生，謚康節，原籍范陽（今北京西南），長期居住在洛陽，是位唯心主義哲學家。他的《皇極經世》一書本是談論術數之學。全書共十二卷，一至六卷爲"元會運世"，七至十卷爲"律呂聲音"，十一至十二卷爲"觀物篇"。和我們有關的即是"律呂聲音"四卷。其中共有十六篇，每篇之中上列聲圖，下列音圖，共計三十二圖。"律者聲也，呂者音也，律爲倡，呂爲和，律呂相倡和。"也就是聲韻相拼以產生字音。"聲之大類有十"，即有十個韻部；同屬一聲者又有闢、翕（開合）與平、上、去、入四聲之分。"音之大類有十二"，同屬一音者又分清、濁與開、發、收、閉四等。邵氏講術數之學，故以天之四象"日、月、星、辰"以配平、上、去、入四聲；以地之四象"水、火、土、石"配開、發、收、閉四等。本節討論近古的聲母發展，我們來看它的音圖。總共有十二音圖，這裏摘錄它的例音一圖：

		開	發	收	閉	
		水	火	土	石	
音一	清	古	甲	九	癸	（見母）
	濁	□	□	近	揆	（群仄）
	清	坤	巧	丘	棄	（溪母）
	濁	□	□	乾	虬	（群平）

邵雍此圖將全濁群母一分爲二：平聲字排在同部位的送氣清音之後，仄聲字則排在同部位的不送氣清音之後。其他各類的全濁聲母也是如此。這就表明 11 世紀的洛陽方音裏全濁聲母發生了規律性的變化，即依聲調的不同分化爲兩類。這就和近代官話的全濁聲母清音化的規律相符合了。祇不過邵雍的圖中仍辨清濁，這也許是邵雍拘泥於三十六字母的傳統，不敢把語言中新的變化完全真實地記錄下來；也可能當時的全濁聲母還祇是剛剛完成分化，濁音尚未消失。然而和唐代以前的濁音系統已經有很大的區別了[7]。

12 世紀中葉張麟之在《韻鏡·歸例》裏有一條"上聲去音字"，曾指出："凡以平側（仄）呼字，至上聲多相犯。古人制韻，間取去聲字參入上聲者，正欲使清濁有辨耳。如一董韻有'動'字，三十二晧韻有'道'字之類矣。或者不知，徒泥韻策分爲四聲。至上聲多例作第二側讀之。此殊不知變也。若果爲然，則以'士'爲'史'，以'上'爲'賞'，以

'道'爲'禱',以父母之'父'爲'甫'可乎?今逐韻上聲濁位並當呼爲去聲。觀者熟思乃知古人制韻,端有深旨。"[8] 張麟之這裏説"士"和"史"、"上"和"賞"等衹是聲調有別,聲母、韻母没什麼不同。張氏是福建人,可知閩方言裏的全濁音清化也是比較早的。這説明在漢語各地方言中全濁聲母清音化早在12世紀就是個比較普遍的現象了。《中原音韻》衹不過是把民族共同語這種早已發生的變化如實地記錄下來罷了。

第二,知、照二組的合流及捲舌聲母的産生。

現代普通話中的捲舌聲母是從古代知、照兩組演變來的。但這是何時開始的?怎樣演變的?學者們的意見有很大的不同。高本漢認爲上古漢語裏就已有了捲舌音,他把上古的照二組聲母構擬爲[tʂ](莊)、[tʂ']（初）、[dʐ']（崇）、[ʂ]（生）[9]。羅常培先生認爲中古的知組聲母已讀捲舌音[10]。而陸志韋先生則認爲漢語裏的捲舌音産生得甚晚,要到明代中葉即十六七世紀[11]。王力先生主張《中原音韻》時代就産生了,他認爲此時知、照兩組已合流爲捲舌聲母[12]。我們認爲這還有一個發展演變的過程。其大致的情況是:中古末期莊、章兩組已合流爲照組,讀舌葉音,即[tʃ][tʃ'][dʒ][ʃ][ʒ];知組即由舌音[t][t'][d]變爲齒音[tɕ][tɕ'][dʑ]。這樣知、照兩組的讀音就逐漸接近了。13世紀以後,北方話中照、知兩組進一步合流,所以《中原音韻》裏,"諸（章）猪潴（知）朱（章）株蛛誅（知）珠（章）邾（知）侏（章）"同音,"注澍鑄彴炷（章）駐註著（知）苧住柱（澄）"同音,"恕庶（書）樹竪（禪）戍（書）"同音;"真振甄（章）珍（知）"同音,"陳塵（澄）臣辰晨（禪）"同音,"震振（章）賑（禪）陣（澄）鎮（知）"同音。合流以後,其音值仍是舌葉音[tʃ][tʃ'][ʃ],因爲這些聲母衹與原三等韻相拼,即其韻母都還帶有［i-］介音。如果聲母是像現代一樣的捲舌音，這種字音就不容易發出來，如［tʂiu］［tʂiən］。有人認爲這種音是可以發出來的，如京劇裏的上口字"諸""知"等，但那是念成［tʂu］［tʂi］，與《中原音韻》裏的讀音不同。但是在《中原音韻》裏，原照組聲母中有一部分字已進一步演變爲捲舌聲母［tʂ］［tʂ'］［ʂ］。這些字在《中原音韻》裏可以肯定的首先是支思韻部中的"支枝脂之芝、紙旨止址、志至誌，眵瞝齒翅，施詩師尸、時史豕矢始、是氏市侍士示事試視"等字。而這個支思部祗含有［ɿ］［ʅ］兩個韻母，那麼和它們相並合的聲母，除了［ts］［ts'］［s］，就是［tʂ］［tʂ'］［ʂ］了。但我們仔細考察一下《中原音韻》的支思部，又會發現它并未把現代普通話所有讀［tʂʅ］［tʂ'ʅ］［ʂʅ］［ʐʅ］的字全包括進來。例如"知蜘、直值侄、隻炙質織祇治智，痴蚩笞螭鴟絺、池馳遲篪墀持、恥侈尺、赤敕叱喫，失濕、實十石食蝕拾識、室適拭釋飾世勢逝誓，日"等字，《中原音韻》入齊微韻部，它們的韻母還是［i］，尚未演變爲［ʅ］，祗能是［tʃi］［tʃ'i］［ʃi］［ʒi］，而不可能是［tʂʅ］［tʂ'ʅ］［ʂʅ］［ʐʅ］。

　　但是，在《中原音韻》裏，江陽、魚模、真文、蕭豪、家麻、尤侯、庚清、監咸等八個韻部中，也有一部分字當已變讀爲捲舌音了。例如"莊窗雙、助初梳、臻齔莘、笊抄梢、渣叉沙、皺愁瘦、争撐生、箴讖渗"等。這些字多屬於原照二（莊）組和知二組聲母字，它們在各韻部中，與照三（章）或知三組字是對立的，如在魚模部中"助（崇）"和"柱（章）鑄注（澄三）"不同音，"鋤雛（崇母）"和"除厨（澄三）"不同音，"梳（生）"和"書（書）"不同音；蕭豪韻部中，"巢（崇）"和"潮（澄三）"，不同音，"捉（莊）卓琢（知二）"和"斫酌灼（章）"不同音；真文韻部中，"臻（莊）"和"真（章）珍（知三）"不同音；庚青韻部中，"爭（莊）"和"徵蒸（章）貞（知三）"不同音。這就是說，前者的聲母是 [tʂ] [tʂʻ] [ʂ]，後者的聲母是 [tʃ] [tʃʻ] [ʃ]。這些字全部演變爲捲舌聲母，大約是十五六世紀的事。因爲《韻略易通》的《早梅詩》[13] 已祇用"知春上"一套來表示。稍後的徐孝《等韻圖經》亦祇以"照穿審"來表示 [tʂ] [tʂʻ] [ʂ] 三個聲母了。如止攝照母下有"支止至直"[14]、穿母下有"蚩齒尺池"、審母下有"詩史世時"。其發展過程大致如下：

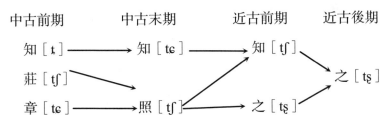

也可能是另一種演變過程：

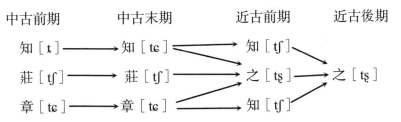

至於日母在《中原音韻》裏也已分化爲兩類：支思韻部中的日母字念捲舌的 [ʐ]，如"兒而爾耳二貳餌"等字；其他韻部中的日母字則念 [ʒ]，如"日入辱儒繞饒柔肉若熱人仁任然軟冉髯染冗讓仍"等。後來 [ʒ] 演變爲 [ʐ]，而"兒而二"等字則變爲零聲母——[ɚ] 韻。這個問題留待第二階段再詳細討論。

第三，零聲母字的增多。

唐代以前衹有影母字是零聲母，如"阿哀安歐奧恩、衣椅益鴉亞壓邀憂烟因飲印央英、烏屋倭蛙威彎翁、於淵冤怨"等。從宋代開始，北方話中的喻[j]、疑[ŋ]二母逐漸失去輔音或半輔音性，而變爲零聲母。如邵雍的《聲音倡和圖》"音三"將影、喻二母分爲"清　安亞乙一"和"濁　□爻王寅"。這表明它們都已無聲母，衹有清濁的區別（也許衹是聲調不一樣）。又如其"音二"將疑母分爲"清　五瓦仰□"和"濁　吾牙月堯"。疑母本爲次濁鼻音，現在也分爲清濁兩類，表明這清的疑母字也可能已失去鼻輔音變爲零聲母，而濁音疑母字則保留了[ŋ]母。《廣韻》新收的雙聲聯綿字也有影、喻合流的事實如"㩻（哀都切）箊（餘封切）"（義爲'木中箭笴'）、"𦝴（一丸切）褼（以然切）"（義爲'中領上衣'）[15]。到了元代，喻母已完全與影母合流，所以《中原音韻》裏東鍾韻中的"擁（影）勇湧踴恿（喻四）永（喻三）俑（喻四）"同音，真文韻中的"隱（影）因引蚓尹（喻四）"同音，寒山韻中的"充演衍（喻四）偃堰甗（影）"同音。衹有個別喻母字念同日母，如"銳"，《中原音韻》已與"芮"字同音，在齊微韻部。與此同時，疑母字大部分也失去鼻輔音[ŋ]，變爲零聲母。所以《中原音韻》裏齊微部中"義蟻毅藝詣刈义劓（疑）醫瘞瞖饐意懿（影）異裔易勩椸曳（喻）"同音，"案（影）岸（疑）"同音，"院（喻三）願愿（疑）怨（影）援遠（喻三）"同音。這樣零聲母字就大爲增加了。但《中原音韻》裏還有部分疑母字仍保存舌根鼻音[ŋ]，如江陽韻部上聲中"養癢"（喻）"䇯"（影）和"仰"（疑）對立；蕭豪韻部去聲中"奧懊澳"（影）和"傲𩰚鏊"（疑）對立；歌戈韻部上聲中"婀"（影）和"我"（疑）對立，又去聲中"鄂萼鴨"（影）和"餓"（疑）對立。所以《中原音韻》二十五聲母系統中還有一個疑母

[ŋ]，不過祇限於一部分字。

以上是從中古到近古聲母方面最突出的三種變化情況。由於全濁聲母的清音化，喻母和疑母大部分字的次濁音脱落，而與影母合流爲零聲母，近古漢語的聲母系統就明顯趨向於簡化了。

注釋

［1］ 參看唐作藩《音韻學教程》（第五版）第三章第四節，北京大學出版社，2016年。

［2］ 僅限鼻音韻尾及尤韻、支韻字。

［3］ "諷"字本讀去聲（《廣韻》送韻方鳳切），今普通話讀上聲。

［4］ 其中有的字本有兩讀，如"中"，《廣韻》有平聲東韻陟弓切和去聲送韻陟仲切兩讀；又如"從"字有平聲鍾韻疾容切和去聲用韻疾用切兩讀；還有平聲七恭切一讀（這是聲母的不同）。

［5］ 參看羅常培《唐五代西北方音》，《史語所集刊》，1933 年；又科學出版社，1961 年；又《羅常培文集》第 2 卷，山東教育出版社，2008 年。

［6］ 所記爲唐玄宗開元至唐穆宗長慶年間，即公元 713—824 年。

［7］ 參看周祖謨《宋代汴洛語音考》，見《問學集》（下册），中華書局，1966 年。

［8］ 上海古籍出版社影印古逸叢書之十八覆永禄本《韻鏡》，1955 年。

［9］ 參看高本漢《中國音韻學研究》第十章"聲母 9—16 知徹澄照穿床審禪"，商務印書館，1995 年。

［10］ 羅常培《知徹澄娘音值考》，《史語所集刊》第三本第一分，1931 年。

［11］ 陸志韋《釋〈中原音韻〉》，《燕京學報》第 31 期，1946 年。

［12］ 王力《漢語音韻》，中華書局，1963 年。

［13］ 參見上節注［13］。

［14］"支止至直"4個例字同時表示陰平、上聲、去聲和陽平四聲。

［15］ 參看陳燕《〈廣韻〉雙聲叠韻聯綿字的語音研究》，《語言學論叢》第十七輯，1992年。

主要參考文獻

羅常培《唐五代西北方音》，中央研究院歷史語言研究所，1933年；科學出版社，1961年，又《羅常培之集》第2卷，山東教育出版社，2008年。

王力《漢語音韻》，中華書局，1963年。

周祖謨《宋代汴洛語音考》，見《問學集》（下册），中華書局，1966年。

甯繼福《中原音韻表稿》，吉林文史出版社，1985年。

唐作藩《普通話語音史話》，語文出版社，2000年。

第三節　近古韻部系統的發展

從中古到近古，漢語的韻部發展可以拿中古後期的三十二部和元代《中原音韻》的十九部做一比較，大致可以看出其演變的輪廓。請看下圖：

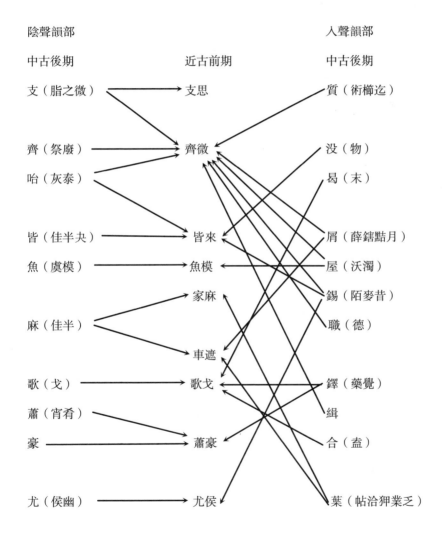

陽聲韻部

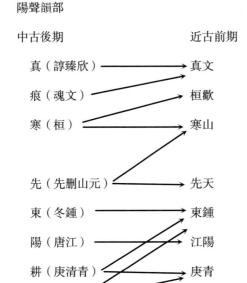

從上圖中，可以看出在這四五百年間（公元 10 至 14 世紀），漢語韻部的演變主要發生在陰聲韻部和入聲韻部之間。陰聲韻部和陽聲韻部各自內部也有一些分化或合流，發生了一些調整變化。

先看陽聲韻部的變化，突出的有：

（1）真、痕二部合爲真文一部，這就是說臻攝內部的主元音［e］［ə］兩類已合流。

（2）蒸部與庚部合流爲庚青部，這是曾、梗兩攝的合併，亦表明它

們的主元音 [ə] 和 [e] 已歸併爲 [ə]。這在宋詞用韻裏已反映出來了。如吳文英《風入松》叶"明、銘、情、鶯、亭、晴、凝、生"（其中"凝"是曾攝字，餘屬梗攝）；又周邦彥《少年遊》叶"橙、笙、更、行"（其中"橙"是曾攝字）。此外，庚青韻部中的合口字還有併入東鍾部的趨勢，如"宏弘"二字《中原音韻》兩收，即既入庚青；又入東鍾，如"宏（耕）弘（登）紅洪鴻（東）"同音。

（3）桓歡韻部的産生。它不是寒山韻的合口。寒山韻部中另有合口字，如"拴關慣還彎患幻頑腕"等，來自《廣韻》的二等刪山二韻。而桓歡部主要來自《廣韻》合口一等桓韻，如"般潘半滿端團短暖孌亂鑽攢酸官貫冠寬歡丸腕"，在元曲用韻裏是個獨韻，關、鄭、馬、白四大家很少用桓歡韻。王實甫的《西廂記》第二本"一、楔子"用了一次。但他們用寒山韻或先天韻時都不混雜桓歡部的字。這是由於在元代桓歡韻部的主元音和寒山韻部不同：一爲 [ɔn]，一爲 [uan]。這個韻部在現代普通話和一些北方方言裏已不獨立存在了，即已併入寒山韻部的合口，但在南方許多方言裏仍然保留着，而有別於寒山。例如：

例字	蘇州	溫州	廣州	梅州	福州	長沙	南昌
官	kuø	ky	kun	kuɔn	kuaŋ	kõ	kuɔn
關	kuɛ	ka	kwa:n	kuan	kuoŋ kuaŋ	kuan	kuan

這個時期的陰聲韻部和入聲韻部的變化更大。它們的主要發展趨勢是合流。例如唐末的支（脂之微）、齊（祭廢）兩部與咍（灰泰）部的許多合口字合流爲新的齊微部。但這也有個過程，首先是支（微）、齊（祭

廢）兩部合流，例如敦煌詞《謁金門》叶"美、水、翠、體（齊）、戲、碎、貴、是"，又《王昭君變文》叶"妃、微、緋、旗、圍、危、暉、衣、肥、歸、幃、西（齊）"；如果説杜甫詩韻中微韻與支（脂之）同用（如《去秋行》叶"時、兒、歸、稀、悲"）還可以看作合韻，因爲其微韻獨用還占大多數。那麼，五代以後的相押就是普遍的事實了。而且齊（祭廢）韻部字也經常與支（脂之微）部字相押了。蘇軾《水龍吟·次韻章質夫楊花詞》叶"墜、思、閉（齊）、起、綴（齊）、碎、水、淚"，辛棄疾《水調歌頭·和王正之》叶"飛、瓈（齊）、迷（齊）、非、機、西（齊）、衣、期"[1]。這是由於此時的齊韻部字由原來的[iei][iuei]演變爲[i]和[ui]了。所以與支（微）合爲同一韻部。但是在宋代，咍（灰泰）部的合口字如"杯梅摧雷回會最"等仍未分化出來，即仍念[uai]。邵雍的《聲音倡和圖》"聲一"仍分"開：開宰愛"和"翕：回每退"。宋詞用韻，咍（灰泰）部亦不與支（微）、齊韻部字混[2]。如辛棄疾《水調歌頭·帶湖吾甚愛》叶"開、回、猜、來、苔、杯、哀、栽"。

到了元曲裏，咍（灰泰）部則開始分化，其合口灰韻字已與支（微）、齊韻部字相押了。如關漢卿《竇娥冤》第二折"隔尾"叶"味、美、濟、杯、體、喜"。其中"味、美、喜"原屬支（微）部，"濟、體"原屬齊部，而"杯"字原屬咍（灰）部，已合爲一部，即成爲《中原音韻》的一個新的齊微部。明代王文璧的《中州音韻》[3]就以巴梅切悲，渠回切葵，呼歸切灰：支（微）與咍（灰）兩部合口字互爲切下字。徐孝的《等韻圖經》亦明確地將咍部的灰韻字歸入壘攝，而咍泰韻字則歸入蟹攝[4]。

但是在元代，原來的支（脂之）部中開口精、照組字，如"支脂之、眵、施詩師尸，時，紙旨止、耻、史矢始，志至、翅、是氏市士試；資茲、斯思司絲、疵，慈雌詞辭，子紫、此、死，字自、四思"等字的韻母則逐漸由 [i] 演變爲 [ɿ][ʅ] 音，成爲一個新的韻部，而與齊微部分立。這就是支思部。例如關漢卿的《蝴蝶夢》第一折"那吒令"叶"試、死、屍、士、詞"。據廖珣英先生研究，關漢卿的雜劇戲曲用韻有十三折和一個楔子用了齊微韻部，用了支思韻部的祇有兩折，但兩部分別甚嚴[5]。

支思韻部包括 [ɿ][ʅ] 兩個韻母，可以相互押韻。舌尖前高元音 [ɿ] 的産生可能是由於韻母 [i] 受聲母精組 [ts][ts'][s] 舌尖音的同化影響；而 [ʅ] 的産生則與捲舌聲母有密切關係。[ɿ] 韻母大約早在宋代就産生了，因爲《切韻指掌圖》第十八圖（即止攝開口支脂之齊祭韻）齒音精組聲母下"兹雌慈思詞"已置於一等的地位上，而這些字的韻母原屬開口三等支、脂、之三韻，依早期或傳統韻圖[6]應排在四等地位上。可見《切韻指掌圖》的作者[7]口語裏於這些字已經由三等變讀爲一等，即由細音變爲洪音，亦即由齊齒變開口，而與真四等的"齏妻齊西"（屬原齊韻）有別了。又邵雍《聲音倡和圖》亦將"自思寺"等字列在一等（即其"開發收閉"之開或"水火土石"之水）。由此可以肯定這種變化當起於北宋。朱熹《詩集傳》於止攝精系（精清從心邪）字總是加注"叶音"反切。如《周南·麟之趾》一章："麟之趾，振振公子。""子"字下注"叶獎履反"。又《召南·何彼禯矣》二章："何彼禯矣，華如桃李。平王之孫，齊侯之子。""子"字下亦注"叶獎履反"。又《邶風·谷風》一章後四句："采葑采菲，無以下體。德音莫違，及爾同死。""死"字下注"叶想止反"[8]。現代漢語方言於這些字大都念舌尖前元音，祇有粵、閩方言如廣州、福州、廈門例外，如廣州話把"私有制"念成"西游記"。

捲舌韻母［ʅ］則在元代才剛產生，比［ɿ］韻母晚兩三百年。在《中原音韻》裏，支思韻部中的［ʅ］韻母衹包括現代普通話裏念［ʅ］的一部分字，主要來自支、脂、之三韻和少數祭韻字如"筮噬"。這時齊微韻部中還有一批知、照組字仍念［i］韻母。所以周德清在"正語作詞起例"裏列舉了一些方言中還分辨不清的音，在齊微韻一項下特別提醒讀者注意："知有之、痴有眵、耻有齒、世有市、智有志（以上三聲系與支思分別）"。其中"知痴齒世智"屬齊微韻，"之眵耻市志"屬支思韻。直到十五世紀之後，齊微韻部中開口知、照組字才由［i］演變爲［ʅ］，從而併入到支思韻部中去的。而一些方言直到現代仍未變讀爲捲舌音，有的念［tʃi］［tʃʻi］［ʃi］，如廣州；有的念［tsɿ］［tsʻɿ］［sɿ］，如潮州；有的念［tsɿ］［tsʻɿ］［sɿ］，如南昌。

在《中原音韻》的陰聲韻部中，新產生的韻部還有一個車遮部。它是由中古麻部分化出來的。車遮部包括［ie］和［iue］兩個韻母。例字如

［ie］嗟車奢些爺斜蛇野者寫舍社謝借；

［iue］靴瘸絕雪說缺月悅越。

中古麻部包括二、三等字。二等字歸《中原音韻》的家麻部，其韻母仍有［a］［ia］［ua］三個。［a］和［ua］是原來的二等開合口，但其［ia］則是由於中古二等開口［a］韻母在牙喉音聲母後新生出一個［i］介音[9]。原麻韻三等［ia］韻母即演變爲［ie］。《中原音韻》的［iue］韻母則來自中古戈韻三等和一些入聲韻字。

麻韻二三等的分化可能開始於南宋。毛晃《增修互注禮部韻略》（1162年）中微韻後注云："居正謹案，《禮部韻略》有獨用當併爲通

用者，亦有一韻當析爲二者，……如麻字韻，自'奢'字以下，馬字韻自'寫'字以下，禡字韻自'借'字以下，皆當別爲一韻。但與之通可也。蓋'麻馬禡'等字皆喉音，'奢寫借'等字皆齒音，以中原雅音求之，夐然不同矣。"按，毛居正是毛晃之子，其案語當不晚於 12 世紀末。又金人韓道昭《改併五音集韻》麻韻見母"迦"字下注云："居伽切，釋迦出釋典，又音加，此字原在戈韻收之，今將戈韻第三等開合共明頭八字，使學者難以檢尋，今韓道昭移於此麻韻中收之，與'遮車蛇奢'同爲一類，豈不妙哉！達者細詳，知不謬矣。"[10]

同時，歌韻的"他"字也轉入麻部，如北宋毛滂《西江月》詞："烟雨半藏楊柳，風光初着桃花。玉人細細酌流霞，醉裏將春留下。 柳外鴛鴦做伴，花邊蝴蝶爲家。醉翁醉也且由他，月在柳橋花榭。"

下面討論近古入聲韻的變化，這是本節的重點。

中古以前漢語的入聲韻都有一套塞音韻尾，分別收［-p］［-t］［-k］。從上古到中古，儘管有一部分入聲韻變爲陰聲韻（如長入字變去聲），但是，在上古和中古時期，無論南方或北方，三種塞音韻尾的分別是十分清楚的。上古入聲韻"職、覺、藥、屋、鐸、錫、月、質、物、緝、葉"等十一部，中古前期入聲韻"職、鐸、屋、沃、錫、覺、麥、月、曷、屑、質、物、緝、合、葉"等十五部，中古後期"職、鐸、屋、沃、没、曷、屑、質、緝、合、葉"等十一部，其韻尾都是［-k］［-t］［-p］分立。就是在唐詩押韻中也都分別甚嚴，不相混雜。例如王維《齊州宋祖三》叶"泣、入、急、立"（緝部）；孟浩然《秋宵月下有懷》叶"濕、入、急、立"（緝部）；李白《古風》其四十七叶"日、質、實、失、瑟"（質部），又《古風》其二十四叶"陌、宅、赫、惕、跖"（鐸部）；杜甫《喜雨》叶"血、屑、熱、血、滅、結、絕、越"（屑部），又《夢李白》其一叶"惻、息、憶、測、黑、翼、色、得"（職部）。據張世祿先生研究，杜甫詩押入聲韻的情況是：屋沃燭同用，職德同用，覺藥鐸同用，陌麥昔錫同用，質術櫛物月沒同用，曷末黠鎋薛屑同用，緝獨用，葉帖洽狎業乏同用[11]。雖然比較寬，但其收［-k］［-t］［-p］三類韻分押則很清楚。李白和韓愈的詩押入聲韻的，都祇用了收［-k］［-t］尾的，而沒有用收［-p］尾的[12]。晚唐皮日休的詩韻用入聲韻的，仍然是［-k］［-t］［-p］涇渭分明：屋沃燭同用，陌麥昔錫職德同用，藥鐸同用，質術櫛同用，物月沒曷末黠鎋薛屑同用，緝獨用，合盍葉帖洽狎業同用[13]。

到了宋代，這種［-k］［-t］［-p］三類韻尾鼎足三分的局面就打破了。在宋詞用韻中，原來分屬不同韻尾的入聲字可以互相押韻。例如蘇軾《念奴嬌・赤壁懷古》韻腳"物、雪、杰、發、滅、髮、月"均收［-t］尾，而"壁"收［-k］尾。又如李清照《聲聲慢》叶"覓、戚、息、急、識、摘、黑、滴、得"。其中"急"字收［-p］尾，其他收［-k］尾。又如辛棄疾《念奴嬌・書東流村壁》叶"節、怯、別、說、月、疊、折、髮"，其中"怯、疊"字收［-p］尾，其他收［-t］尾。又如朱敦儒[14]《好事近・春雨細如塵》叶"濕、碧、瑟、息"，其中"碧、息"收［-k］尾，"瑟"收［-t］尾，而"濕"收［-p］尾。這種混用的情況表明，此時北方話的入聲韻已不按韻尾的音質來區分了，也就是說，它們原來的入聲韻尾［-p］［-t］［-k］的不同發音部位泯滅了。《切韻指掌圖》第九圖以"德、櫛、質迄、質"配"魂痕、臻、真欣、真諄"，又第十八圖以"德、櫛、質、質"配"支之、支脂之、支脂之、支脂之齊"，也反映了三類韻尾的界限已不清了。但是這時的入聲韻基本上還是獨立的。看來宋代的入聲韻尾很可能已由收［-p］［-t］［-k］尾演變合併爲收喉塞音［ʔ］，猶如現代吳方言或晉方言的入聲韻一樣，在聲調上保持短促的特徵。其入聲韻的分部則按主要元音相同或相近加以歸併，而不問其原來韻尾的收音性質。清人戈載所著《詞林正韻》歸納唐宋名家的詞韻得十九個韻部，其中入聲韻有五部，即：

　　第十五部　　屋沃燭

　　第十六部　　覺藥鐸

　　第十七部　　質術櫛陌麥昔錫職德緝

　　第十八部　　物迄没月曷末黠鎋屑薛葉帖

　　第十九部　　合盍業洽狎乏

戈氏非常自信，他説：“是書入聲分別五部，歷觀古人名詞，無有出此範圍者耳。”

但是，魯國堯教授研究辛棄疾等宋代山東詞人和蘇軾等宋代四川詞人用韻[15]，認爲宋詞入聲韻衹能分爲三部：即：屋沃燭爲一部，鐸藥覺爲一部，其餘諸韻合爲一部。後來又將其第三部析爲兩部，即德職陌麥昔錫没質櫛術物緝爲一部，曷末黠鎋薛屑月合盍洽狎業葉帖乏爲一部[16]。我曾考察過蘇軾的詩韻[17]，認爲其古體詩可以歸納爲二十二部，其中入聲韻四部，正與魯國堯研究蘇軾詞韻所得四部相同。我想這不是巧合，而是客觀事實。但在宋代，仍然存在獨立的入聲韻部，這也是事實。邵雍的《聲音倡和圖》也反映了這一事實。不同於《廣韻》音系的是，它的入聲配陰聲，而不配陽聲。例如：

聲闢翕一		平	上	去	入
	闢	多	可	個	舌
	翕	禾	火	化	八

聲闢翕四		平	上	去	入
	闢	刀	早	孝	岳
	翕	毛	寶	報	霍
	闢	牛	斗	奏	六
	翕	○	○	○	玉

聲闢翕五		平	上	去	入
	闢	妻	子	四	日
	翕	衰	○	帥	骨
	闢	○	○	○	德
	翕	龜	水	貴	北

聲闢翕七		平	上	去	入
	闢	心	審	禁	
	翕				十
	闢	男	坎	欠	
	翕				妾

從表中可以看出，收[-t][-k]韻尾的入聲字已明顯地失去了區別，但入聲韻字仍自成一類。收[-p]韻尾的入聲字自成一行，不與陽聲相配。也不與陰聲相配，表明邵雍的汴洛話裏收[-p]尾的入聲尚未消失。

據魯國堯教授研究宋詞用韻的情況是，中古三類收[-p][-t][-k]尾的入聲韻在宋代演變融合過程中，一般是收[-p]尾和[-t]尾的向收[-k]尾靠攏集中，尤其是以央元音爲主元音的深、臻兩攝的入聲韻字，分別或一起和收[-k]尾的梗、曾兩攝的入聲韻字合押。而咸、山二攝的入聲韻字則常與收[-k]尾的宕、江二攝入聲韻字通押[18]。我們考察蘇軾的古體詩韻也發現相同的事實[19]。例如蘇軾的《竹枝歌》叶"尺(昔)、入(緝)、直(職)",又《畫魚歌》叶"擊(錫)、一(質)、擲(昔)",又《鄧忠臣母周氏挽詞》叶"力(職)、實、失、日(質)、鬲(昔)、邑(緝)、色(職)、璧(昔)、劇(陌)、寂(錫)、隔(麥)、滴(錫)"。三類入聲韻尾演變的事實可能是：

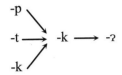

從理論上說，[-k]韻尾是個舌根塞音，它容易向喉塞的[-ʔ]韻尾演進。

唐末胡曾有首《戲妻族語不正》，詩云："呼十却爲石，喚針將作真；忽然雲雨至，總道是天因(陰)"[20]。此詩除了反映[-m]韻尾讀作[-n]韻尾，還表明早在唐末某些方言裏就已將[-p]尾念作[-k]尾了[21]。

到了元代（14世紀），大都話的原入聲韻部就和陰聲韻部合流了。例如關漢卿《竇娥冤》第二折《感皇恩》叶"疾(質)、飛(微)、迷(齊)、逼(職)、皮(支)"(《中原音韻》屬齊微部平聲)；又如關漢卿《南呂四塊玉》叶"別(薛)、舍(麻)、絕、雪(薛)、斜、遮、也(麻)"(《中原音韻》車遮部平上聲)。在元曲裏原入聲字已普遍和陰聲韻字相押。又元曲裏的用字（詞）入聲字可以和陰聲字通假，如《三奪槊》三折："殺的槍杆上濕漉漉血未乾，馬頭前古鹿鹿人頭滾。"而《存孝打虎》二折："死尸骸骨魯魯到四五番"，《殺狗勸夫》三折："一遞裏暗昏昏眼前發花，一遞裏古魯魯肚裏雷鳴"。其中"古鹿鹿"又可作"骨魯魯"或"古魯魯"，"骨(物)"和"鹿(屋)"是入聲字，而"古、魯(模)"是陰聲韻字。這些都表明入聲字已失去其塞音韻尾的特點，而依主元音或新增元音韻尾，併入相應的陰聲韻部了。

　　《中原音韻》正反映了當時入聲韻消失這一事實：原入聲字已分別派入齊微、魚模、皆來、蕭豪、歌戈、家麻、車遮、尤侯等八個陰聲韻部之中。另有少數字派入支思韻部（參看本節開頭的比較表）。從《廣韻》韻目來看，大致是《廣韻》的質、緝、職、昔、德、錫、迄、陌（見母開三）諸韻入齊微部，如"必疾七失室吉一、集及習急泣、直食極憶翼、積昔夕赤尺益亦、德得賊黑勒、壁僻的滴剔歷寂錫擊、乞訖、碧戟隙屐劇"等字；《廣韻》陌、麥、職（照三）、德（見系）諸韻入皆來部，如"白帛宅澤窄格客額、麥脈摘責策革隔、則刻"等字；《廣韻》屋、沃、燭、沒、物、術諸韻入魚模部，如"卜僕服福木獨讀族谷數屋、篤督毒酷鵠沃、綠足俗燭觸束曲辱玉、沒突卒骨忽、拂佛物屈、律出術述"等字；《廣韻》鐸、覺、藥、末諸韻入蕭豪部，如"博泊莫鐸託洛作錯各惡、剝卓琢捉覺角岳、爵鵲削酌綽杓腳約藥、末抹"等字；《廣韻》鐸、覺、藥三韻濁聲母及影母字和曷、末、合諸韻及盍、物、沒的少數字入歌戈部，如"鄂惡莫幕洛諾鶴、鐲岳學、略掠若弱虐邀藥約、葛割渴、鉢撥奪脫、闊活、合盒閤蛤、盍、佛、勃"[22]等字（其中有不少字還有另一讀）；《廣韻》黠、鎋、月（唇音）、合、盍、狎、洽、乏韻入家麻部，如"八拔抹察殺、瞎轄、發襪、答納拉雜、塌榻臘蠟、狎匣甲壓押鴨、劄插霎狹夾恰、法乏"等字；《廣韻》月、薛、屑、葉、業、怗、陌諸韻入車遮部，如"歇謁蕨月越、別滅舌杰劣雪拙說悅、籛鐵節切結噎決缺、聶接妾涉葉、劫怯協業、跕帖疊、客"等字。而派入尤侯部的祇有屋韻的"軸粥逐宿竹熟六肉"和燭韻的"燭褥"等字，且多同時入魚模部；

派入支思部的衹有德韻的"塞"、櫛韻的"瑟"和緝韻的"澀"三字，其中的"塞"又入皆來部。

在《中原音韻》裏有些入聲字派入兩個韻部，如"逐軸熟（陽平）、宿燭粥竹（上聲）、褥（去聲）"等字既入魚模部，又歸尤侯部；又如"客（上聲）、額（去聲）"既入皆來部，又歸車遮部；又如"薄箔泊縛鐸度鑿濁擢鐲鶴學（陽平）、末沫幕寞莫諾掇洛落烙絡酪樂蕚鶚鱷惡略掠弱蒻虐瘧岳藥躍鑰（去聲）"等字既入蕭豪部，又歸歌戈部；又如"抹"字，既入歌戈部，又歸家麻部。這種現象在《廣韻》《集韻》《古今韻會舉要》一般衹有一讀，《蒙古字韻》裏也都衹有一種讀法。但在元代戲曲的用韻則有些字可以兩用。例如"熟"字，關漢卿的《魯齋郎》押入魚模部，而在他的《單鞭奪槊》裏則押入尤侯部。有人引周德清語，以爲這是"爲廣其押韻而設"，不一定是反映了口語。我們認爲這正是《中原音韻》的作者如實地記錄了當時口語裏的文白異讀[23]。其中有一些到現代漢語裏仍保留下來，例如：

	熟	薄	落	鑿	樂	瘧
文	bó	shú	luò	zuó	lè	nüè
白	shóu	báo	lào	záo	lào	yào

現代漢語裏還產生一些新的文白異讀，如：

	脚	色	塞	剝
文	jué	sè	sè	bō
白	jiǎo	shǎi	sāi	bāo

在《蒙古字韻》裏以八思巴字母對譯的漢字將入聲字和與之相配的平、上、去聲字都譯作相同的音，如"姑、古、故、谷"都譯成 [ku]，"肌、幾、寄、急"都譯成 [ki]。這也正是楊耐思先生據以肯定元代還有獨立的入聲調的根據之一；但他又認爲這時的入聲調已没有短促的特徵（連收喉塞 [-ʔ] 也没有了），即與陰聲韻没有了區别。這實際上承認元代官話的入聲韻確乎没有了。

注釋

［1］ 參看魯國堯《宋代辛棄疾等山東詞人用韻考》，《南京大學學報》1979 年第 2 期；《宋代蘇軾等四川詞人用韻考》，《語言學論叢》第八輯，1981 年。

［2］ 在宋詞十九部中，咍（泰半）屬第五部；支（脂之微）與齊（祭廢灰泰半）屬第三部。參看清人戈載《詞林正韻》。

［3］ 此書據周德清的《中原音韻》和卓從之《中州樂府音韻類編》增訂而成，約成書於弘治末年與正德初年之間，即 1500 年前後。參看張竹梅《〈中州音韻〉研究》，中華書局，2007 年。

［4］ 參看唐作藩《唐宋間止、蟹二攝的分合》，《語言研究》總第 20 期，1991 年。又收入《漢語史學習與研究》，商務印書館，2001 年。

［5］ 參看廖珣英《關漢卿戲曲的用韻》，《中國語文》1963 年第 4 期。

［6］ 如《韻鏡》《七音略》。

［7］ 相傳爲司馬光所作，不可靠。近人鄒特夫據宋人孫覿《切韻類例·序》考證此書爲楊中修所撰。

［8］ 參看許世瑛《朱熹口中已有舌尖前高元音說》，《淡江學報》1970 年第 9 期。

［9］ 這種情況不止麻韻部二等，其他諸韻部的二等韻亦然，如佳、皆、删（黠）、

山（轄）、肴、江（覺）、庚（陌）、耕（麥）、咸（洽）、銜（狎）。

[10]　參看甯忌浮《校訂五音集韻》，中華書局，1992年。

[11]　張世祿《杜甫與詩韻》，《復旦大學學報》1962年第1期。

[12]　參看鮑明煒《李白詩的韻系》，《南京大學學報》（人文）1957年第1期；荀春榮《韓愈的詩歌用韻》，《語言學論叢》第九輯，商務印書館，1982年。

[13]　姚振武《皮日休詩韻考》，未刊稿。

[14]　朱敦儒，南宋洛陽人。

[15]　前者載《南京大學學報》1979年第2期；後者載《語言學論叢》第八輯。

[16]　魯國堯《宋詞陰入通叶現象的考察》，《音韻學研究》第2輯，中華書局，1986年。

[17][19]　唐作藩《蘇軾詩韻考》，載《王力先生紀念論文集》，商務印書館，1990年。

[18]　參看注[15]。

[19]　見於《全唐詩》卷八七〇，中華書局，1960年。

[20]　據《全唐詩》編者介紹，胡曾是湖南邵陽人，其妻族方言情況不明。但漢語方言的發展是很不平衡的，據何耿鏞研究，某些下江方言直至18世紀仍可能保存入聲[-p]韻尾。參看何耿鏞《從鄭板橋詩歌押韻看十八世紀揚州方音特點》，《語海新探》，福建人民出版社，1988年。

[21]　有些字有兩讀，見下文。

[22]　參看張清常《〈中原音韻〉新著錄的一些異讀》，《中國語文》1983年第1期。又楊耐思《中原音韻》兩韻並收字讀音考》，載《王力先生紀念論文集》，商務印書館，1990年。

主要參考文獻

楊耐思《中原音韻音系》，中國社會科學出版社，1981年。

甯繼福《中原音韻表稿》，吉林文史出版社，1985年。

唐作藩《普通話語音史話》，語文出版社，2000年。

張清常《〈中原音韻〉新著録的一些異讀》，《中國語文》1983年第1期。

第四節 近古聲調系統的演變

從上古到中古，漢語的調類都是分平、上、去、入四聲。上古雖有五聲，即入聲分長、短，但從韻尾與音高來看，實屬一類。中古前後期都是平、上、去、入四聲。到了近古《中原音韻》裏，則演變爲平聲陰、平聲陽、上聲和去聲四個調類。同爲四類，但已發生了質的變化。《中原音韻》在聲調方面所表現出來的最大特點就是平分陰陽、濁上變去和入派三聲。

一、平分陰陽

平聲分化爲陰平和陽平是以聲母的清濁爲條件的。這是現代漢語課裏就講過的，大家已瞭解。而在漢語語音學史上，《中原音韻》是第一部系統記錄"平分陰陽"這一事實的韻書。周德清在"自序"裏談到"平分陰陽"時說，"字別陰、陽者，陰陽字平聲有之，上、去俱無。上、去各止一聲，平聲獨有二聲：有上平聲，有下平聲。上平聲非指一東至二十八山而言，下平聲非指一先至二十七咸而言[1]。前輩爲《廣韻》平聲多，分爲上、下卷，非分其音也。殊不知平聲字字俱有上平、下平之分，但有有音無字之別，非一東至山皆上平，一先至咸皆下平聲也。如'東、紅'二字之類，'東'字下平聲屬陰，'紅'字上平聲屬陽。陰者即下平聲，陽者即上平聲。試以'東'字調平仄，又以'紅'字調平仄，便可知平聲陰陽字音；又可知上、去二聲各止一聲，俱無陰陽之別矣。且上、去二聲施於句中、施於韻脚，無用陰陽。惟慢詞中僅可曳其聲爾。此自然之理也。妙處在此，初學者何由知之！乃作詞之膏盲（肓），用字之骨髓，皆不傳之妙，獨予知之。屢嘗揣其聲病於桃花扇影而得之也。"[2]

在此之前，唐、宋詩詞用韻没有反映出平聲的分化。然而，我們有理由推測，早在《中原音韻》之前，平聲就已開始分化了。從漢語語音發展的歷史和現代方音的事實可以看出，聲調的演變分化與聲母的清濁有很密切的關係。由於清濁聲母的不同，很可能平聲字首先在調值或調型上逐漸產生差別，例如同是平聲字"天"和"田"，其調值假定本是中平調（33˧）[3]，由於清濁聲母的不同，逐漸分化爲：清聲母字"天"變讀爲高平調（55˥），而濁聲母字"田"則變讀爲低平調（11˩）或低升調（12˧），結果使平聲分化爲兩個調類。

　　既然平聲分爲兩個調類是以聲母清濁爲條件，那麽，平聲的分化肯定在全濁聲母清音化之前就實現了。否則就不會以清濁爲分化的條件。如果像元代《中原音韻》這樣，全濁聲母都已演變爲清聲母了，那還有什麼分化條件可言！

　　再者，一些文獻資料也能證明早在9世紀以前漢語聲調就已經開始分化了。日本《大正新修大藏經》中沙門安然《悉曇藏》就談到平聲有輕、重之分。所謂"輕重"就是兩種不同的聲調。同時根據其他資料又可知道，平聲的輕重就是清、濁聲母字的聲調不同。因此可以初步肯定，平分陰、陽的現象早在唐代已經發生[4]。

　　現代漢語各地方音一般都分陰、陽，祇有北方方言中的河北灤縣、張家口、甘肅天水、康樂等少數方言的平聲僅一類，即不別陰陽，如灤縣人念"唐山"和"湯山"同音；也有個別地方祇有陽平字自成一類，陰平字併入上聲，如河北臨城方言。

二、濁上變去

中古漢語的上聲字到近古分化爲上、去二聲，這也是由於聲母的清濁不同而引起的一種音變現象。凡聲母是全清、次清和次濁的字仍讀上聲，聲母是全濁音的則變爲去聲，即與去聲字的音高相同、合流爲一類。所以"濁上變去"，實爲全濁上聲變去聲。例如：

全清上聲：比表（幫）府粉（非）朵堵（端）宰早（精）嫂想（心）拄展（知）爪斬（莊）所爽（生）沼枕（章）古感（見）喜罕（曉）媼碗（影）

次清上聲：叵品（滂）撫菲（敷）土妥（透）取慘（清）楮逞（徹）楚闖（初）處蠢（昌）可苦（溪）

次濁上聲：買滿（明）武晚（微）裸魯（來）努腦（泥）染爾（日）五仰（疑）雨以（喻）

全濁上聲：陛抱伴棒（並）父婦範憤（奉）弟杜舵誕（定）坐薺瓚靜（從）似序像（邪）雉柱趙湛（澄）士撰（崇）是墅紹受善（禪）巨跪痘（群）蟹匯旱限項杏（匣）

全濁去聲：避暴辦傍（並）附駙飯份（奉）第度惰淡（定）座劑暫淨（從）寺緒彗（舊讀suì）羨（邪）稚住召綻（澄）乍助棧（崇）示剩（船）視樹邵壽贍盛（禪）具櫃競（群）惠汗陷巷行品（匣）

全清去聲：閉報半謗（幫）付富販糞（非）帝妒剎旦（端）佐霽贊（精）四絮綫相姓（心）致駐罩站（知）詐蘸（莊）數瘦汕（生）至注照戰（章）試庶獸扇聖（書）據貴勁（見）酗晦漢獻向（曉）

由上面列舉的例字可以看出，次濁上聲字仍讀上聲，而全濁上聲字則與去聲合流了。當然也有少數例外，如"腐釜輔（奉）艇挺梃（定）

窘（群）緩皖（匣）"等全濁上聲字今仍讀上聲[5]。但就一般情況來看，全濁上聲變讀去聲的演變規律是肯定的。其原因可能是全濁上聲字的調值、調型，首先變得與全濁去聲的調值、調型相同或相近，於是逐漸使上聲字因清、濁不同而發生分化。後來全濁聲母清音化之後，原全濁上聲就和去聲完全合流了。據唐釋處忠《元和韻譜》對當時平、上、去、入四聲調值的描寫[6]，假定當時上、去二聲的調值調型及其演變情況如下：

聲調	例字	調型
上聲	補普魯努	˧ → ˧ → ˨˩
上聲	部	˧ → ˧ → ˥˩
去聲	步	˧ → ˥˩ → ˥˩
去聲	布鋪路怒	˧ → ˥˩ → ˥˩

北方話的"濁上變去"現象大概早在八九世紀，即中唐時候就已普遍發生了。好些材料證明了這一歷史事實。比如韓愈（768—824，河陽即今河南孟縣人）的《諱辯》早已引起人們的注意。他說："周之時有騏期，漢之時有杜度。此其字宜如何諱？將諱其嫌，遂諱其姓乎？"其中"杜度"二字雖同為定母，但韻、調本不同："杜"，上聲（姥韻）；"度"，去聲（暮韻）。可見韓愈的口語裏已不分。又如唐末李涪著《刊誤》，其中"切韻"條，他以當時洛陽音為標準去考察《切韻》音，感到《切韻》裏往往以"上聲為去，去聲為上"。他說："又恨怨之恨則在去聲，佷戾之佷則在上聲；又言辯之辯則在上聲，冠弁之弁則在去聲；又舅甥之舅則在上聲，故舊之舊則在去聲；又皓白之皓則在上聲，號令之號則在去

聲；又恐字苦字俱去聲。今士君子於上聲呼恨，去聲呼恐，得不爲有知之所笑乎？"其中"很、辯、舅、皓"原本都是全濁上聲字[7]，李涪據以勘誤的語音裏已變讀去聲了。又唐末《開蒙要訓》的注音也反映了這種濁上變去的現象，如盜音道，艦音監，腎音慎[8]。唐詩用韻也反映這種情況。例如白居易（772—846）的《琵琶引》："自言本是京城女，家在蛤蟆陵下住。十三學得琵琶成，名屬教坊第一部。曲罷曾教善才服，妝成每被秋娘妒。五陵年少爭纏頭，一曲紅綃不知數。鈿頭銀篦擊節碎，血色羅裙翻酒污。今年歡笑復明年，秋月春風等閒度。弟走從軍阿姨死，暮去朝來顏色故。門前冷落鞍馬稀，老大嫁作商人婦。商人重利輕別離，前月浮梁買茶去。"其中"部、婦"二字原本是全濁上聲，這裏與去聲字"住、妒、數、污、度、故、去"押韻，表明它們已演變爲去聲。據賴江基教授的研究考察[9]，白氏詩歌共有2809首，韻例3345次，其中平聲字自押2666次，上聲字自押187次，去聲字自押172次，入聲字自押271次；各調通押者：平、上1次，平、去1次，上、去47次。在此47中，一般上聲字與去聲相押15次，而全濁上聲字與去聲通押則有32次。據統計，白詩入韻的全濁上聲字共有62個，衹和去聲字相押的有"社、部、墅、殆、罷、弟、妓、限、辨、緩、憤、象、幸、重"等14個，衹和上聲押韻的有33個（略），既和上聲又和去聲相押的有15個，如"坐、柱、是、下"等。由此可見，全濁上聲變去聲是中古後期就已產生的變化。

宋人張麟之爲《韻鏡》所寫的"釋例"也指出當時這種濁上變去的現象。其"上聲去音字"條說："今逐韻上聲濁位並當呼爲去聲。" 這說明到了南宋，全濁上聲變讀爲去聲已在全國許多方言裏普遍發生了。《中原音韻》衹是把這種歷史事實系統地明確地記錄下來。如東鍾韻的"鳳奉諷縫"同音，江陽韻的"謗傍蚌棒"同音，齊微韻的"帝諦締第弟娣悌地遞蔕棣"同音，蕭豪韻的"道稻到倒盜導"同音，皆來韻的"拜湃敗憊稗"同音，真文韻的"盡晉進雉"同音，寒山韻的"旱悍銲漢翰瀚汗鼾"同音，先天韻的"善鱔饍墠禪擅單扇煽"同音，尤侯韻的"厚近後候堠后"同音。於是濁上變去的結果，有些本來讀音有別的字、詞都合流、同音了，如"解"字，用於姓氏本讀上聲胡買切，而用於地名（原山西解縣）讀去聲胡懈切，今都讀 xiè 了；又如動詞"坐下"的坐，本讀上聲徂果切，而名詞"座位"的座讀去聲徂臥切，現在都讀去聲 zuò 了。具有相同情況的字還有"後、近、上、下"等。

三、入派三聲

《中原音韻》的記錄表明，元代大都話的入聲調已經消失了。其入聲調的消失是和入聲韻的轉化相聯系的。上一節我們講"近古韻部發展"時談到，漢民族共同語的入聲韻最後完成向陰聲韻的轉化是在 14 世紀，即金、元之間。那麼，入聲調的消失也當在此時。廖珣英研究員曾對關漢卿戲曲和諸宮調的用韻做過研究和統計分析。她發現入聲字押入平、上、去三聲的現象已很普遍[10]。元末明初陶宗儀著《南村輟耕錄》，其中"廣寒秋"條引虞集咏蜀漢事所寫的散曲，就有不少入聲字與平、去相押的例子。陶氏說："今中州之韻入聲似平聲，又可作去聲，所以'蜀、術'等字皆與魚虞相近。"

周德清在"正語作詞起例"裏指出，"《音韻》無入聲，派入平、上、去三聲"。這就是中古入聲字已分別轉入了平聲陽、上聲和去聲。這種轉

第四章　從中古到近古漢語語音系統的發展　　193

化是有明顯的規律和條件的。在《中原音韻》裏的八個陰聲韻部中分別注明"入聲作某聲"，即全濁聲母入聲字派入陽平，次濁聲母及影母入聲字派入去聲，清聲母字則派入上聲。下面是派入齊微韻部的古入聲例字：

入聲作平聲陽：逼（幫）、荻狄敵（定）、迪（透）笛糴（定）、疾嫉（從）茸（精）集寂（從）、習夕席襲（邪）、直值侄擲秩（澄）、實（船）十什石（禪）射食蝕（船）拾（禪）、及極（群）；賊（從）、劾（匣）；惑（匣）。

入聲作上聲：必畢蹕篳碧壁璧（幫）甓（並）、闢匹僻劈（滂）、的靮嫡滴（端）、滌剔踢（透）、喞積稷績跡脊鯽（精）、七戚漆刺（清）、昔惜息錫淅（心）、質隻炙織鷙汁祇（章）、尺赤喫勅叱鶒（昌）、失室識適拭軾飾釋濕奭（書）、吉擊激殛棘戟急汲給（見）、乞泣訖（溪）吸隙翕（曉）檄覡（匣）、一（影）；德得（端）、黑（曉）；筆北（幫）、國（見）。

入聲作去聲：覓蜜（明）、匿（泥）、立粒笠曆歷櫪瀝癧靂櫟力栗（來）、日入（日）、劇（群）、逸易埸譯驛（喻）益（影）溢鎰鷁液腋掖疫役（喻）一（影）佾泆逆（喻）乙邑憶揖（影）翊翼（喻）；勒肋（來），墨密（明）。

以上共計163字。其中讀陽平34字，占20.9%；讀上聲82字，占50.3%；讀去聲47字，占28.8%。這與《中原音韻》所收全部入聲字派入三聲的比例差不多。據我們統計，《中原音韻》共收古入聲字733個，其派入平、上、去三聲的情況如下表：

	全濁聲母	次濁聲母	清聲母	影母	總計	百分比
平聲陽	171	0	9	0	180	24.6%
上　聲	12	1	332	2	347	47.3%
去　聲	1	188	1	16	206	28.1%
合　計	184	189	342	18	733	

這和現代漢語入派四聲的情況差別比較大，留待下節再做詳細的討論。

《中原音韻》對入聲字的歸類可能不是一字不差的。周德清"正語作詞起例"裏說："平上去入四聲，《音韻》無入聲，派入平上去三聲，前輩佳作中間備載明白，但未有集之者。今撮其同聲，或有未當，與我同志改而正諸！"既云"或有未當"，恐怕不僅僅是周德清的謙虛之言，確乎有未弄清楚的可能。或者是古入聲字的演變當時還正在進行中，一些字的讀音歸類尚未固定（現代方言裏也有這種情況）。同時據考查，與《中原音韻》相距不到三十年的卓從之《中州樂府音韻類編》（1351）就將一些清聲母字歸入陽平，而與《中原音韻》的歸類有所不同。

入聲消失的原因和入聲韻的轉化是一致的，是遵循着北方話語音發展的基本趨勢——簡化並行的，同時與漢語詞彙複音化有很大的關係。古入聲的輔音收尾（-p、-t、-k）本來比較短促，在複音詞的連讀過程中互相影響，逐漸被磨掉了。而且大量的雙音詞的產生也有可能承擔由原來入聲韻和入聲調以區別詞性、詞義的任務。對漢民族共同語的標準音——北京語音系統來說，新的輕音的產生也使入聲的消失得到了補償。事物的歷史發展總不是孤立的。

注釋

[1] 今本《廣韻》下平聲有二十九韻。"咸"是第二十六，第二十七是"銜"，二十八是"嚴"，二十九是"凡"。周德清所見可能是另一種本子。

[2] 祇有一個例外，即"鼻"字，《廣韻》去聲至韻："毗至切"，而《中原音韻》入齊微部，讀"去聲作平聲陽"。今普通話猶然。

[3] 據唐釋處忠《元和韻譜》關於當時四聲調值的描繪："平聲哀而安，上聲厲而舉，去聲清而遠，入聲急而促。"又明釋真空《玉鑰匙歌訣》"平聲平道莫低昂，上聲高呼猛烈強，去聲分明哀遠道，入聲短促急收藏。"後者載於《康熙字典》書前。

[4] 參看周祖謨《關於唐代方言中四聲讀法的一些資料》，載《語言學論叢》第二輯，1959年。又遠藤光曉《〈悉曇藏〉の中國語聲調》，京都大學人文科學研究所《漢語史の諸問題》，1988年。

[5] 《中原音韻》魚模部收的"釜輔"已讀去聲，桓歡部收的"緩"字也已讀去聲，而庚清部所收"艇挺"則仍讀上聲。與今普通話有所不同。

[6] 參見上文注[3]。

[7] 《廣韻》：很，胡墾切；辯，符蹇切，《集韻》平免切；舅，其九切；皓，胡老切。

[8] 《廣韻》盜，徒到切，道，徒皓切；艦，胡黤切，監，格懺切；腎，時忍切，慎，時刃切。

[9] 參看賴江基《從白居易詩用韻看濁上變去》，《暨南大學學報》1982年第4期。又池曦朝、張傳曾《白居易詩歌韻腳中的"陽上作去"現象》，中國人民大學《語言論集》第1輯。又國赫彤《從白居易詩文用韻看濁上變去》，《語言研究》1994年增刊。

［10］廖珣英《關漢卿戲曲的用韻》，《中國語文》1963 年第 4 期，又《諸宮調的用韻》，《中國語文》，1964 年第 1 期。

主要參考文獻

王　力《漢語史稿》（上册）第二章第二十九節，科學出版社，1957 年。

甯繼福《中原音韻表稿》，吉林文史出版社，1985 年。

唐作藩《普通話語音史話》，語文出版社，2000 年。

練習六

一、查出下列字的《中原音韻》聲母、韻部、韻母和聲調，説明它們與中古及現代的異同：

試　八　食　鴿　遲　足　他　客　轟　腐　諷　抹　半　帆　咱　脚　您　聞

二、從下列詞、曲用韻中看近古韻部的發展：

　　1. 柳　永《望遠行·雪》（"長空隆瑞"）

　　2. 周邦彦《垂絲釣》（"縷金翠羽"）

　　3. 晏幾道《六幺令》（"緑陰春盡"）

　　4. 蘇　軾《哨遍》（"睡起畫堂"）

　　5. 辛棄疾《念奴嬌·書東流村壁》

　　6. 馬致遠《般涉調·耍孩兒》"借馬"（見隋樹森編《全元散曲》，或朱東潤《中國歷代文學作品選》下編第一册）

三、《中原音韻》音系是怎樣研究出來的？試述它的性質。

第五章　從近古到現代漢語語音系統的發展

第一節　《重訂司馬溫公等韻圖經》與現代漢語語音系統

《中原音韻》問世之後，在它的影響之下，元、明、清出現了許多反映北方話的音韻著作，包括韻書和韻圖，如上文第四章第一節所介紹的。其中最爲重要的是明代徐孝的《重訂司馬溫公等韻圖經》（簡稱《等韻圖經》）。它是從《中原音韻》到現代漢語之間的一部最具有代表性的音韻著作，反映了從《中原音韻》音系到現代漢語語音系統的重要過渡，是近古後期北京音的實際記錄。

《等韻圖經》收在張元善所編《合併字學篇韻便覽》中。張氏原籍河南永城，貴族出身，長期在京爲官[1]。《便覽》總校重刊署名"特進榮禄大夫柱國惠安伯永城張元善"。是書初刊於明萬曆三十四年（1606）。其自序云："余暇時涉獵諸書，日與通曉字義者互相闡發，稍知篇韻。於是博訪韻軒徐子暨諸名士之工於篇韻者，殫精抽思，通流窮源。……去繁就簡，舉約該博。""徐子"即指徐孝。

《便覽》包括四部分：（一）《合併字學集篇》，（二）《合併字學集韻》，（三）《四聲領率譜》，（四）《重訂司馬溫公等韻圖經》。《等韻圖經》及《合篇》《合韻》各卷均題"特進榮禄大夫柱國惠安伯永城張元善校刊，金臺布衣居士徐孝合併"。《便覽》的實際作者就是徐孝。徐孝出身布衣，《明史》無傳。"金臺"在歷史上一般泛指保定地區。據郭力編審考證[2]，徐孝本保定完縣人，長期生活在北京，是貴族張元善的門客。《便覽》裏有馬應龍所作"序"一篇，稱徐孝爲"都下布衣"，已視他爲北京人。徐孝的《等韻圖經》所記錄的確乎是當時的北京音。書前"凡例"云"重訂於萬曆三十年（1603）正月初三至二月二十五日"。

書名爲《重訂司馬溫公等韻圖經》，其實與《切韻指掌圖》沒有直接關係，它實際上是在《切韻指南》的基礎上進行重訂的。如將十六攝併爲十三攝，將三十六字母併爲二十二母，將二百零六韻併爲一百韻。

《等韻圖經》音系的內容包括二十二母（實爲十九個聲母），十三攝二十五圖一百韻實有韻母四十三個及聲調平、上、去、如四個。其"字母總括"云："見溪端透泥影曉，來照穿稔審精清，󰀀心二母剛柔定，重脣上下幫滂明。非母正脣獨占一，敷微輕脣不立形。抵腭點齒惟正齒，喉牙舌上不拘音。"又其"韻原根究"云："原等三千四百九，韻貫三二一六單。本音根源六十五，四聲關竅作門闌。減將添兵由其令，多多益善法淵源。"

下面舉例，照錄《等韻圖經》祝攝第五圖。

祝攝第五獨韻篇　　　　　　　　　　　韻　都覩杜獨

見	溪	端	透	泥	幫	滂	明	精	清	從	心	影	曉	來
					非	敷	微	照	穿	牀	審			
孤	枯	都	禿	O	逋	鋪	模	租	粗	徂	蘇	烏	呼	盧
古	苦	覩	土	努	補	普	母	祖	蒫	O	鹵	午	虎	魯
顧	庫	杜	兔	怒	布	撲	暮	足	醋	O	素	悟	戶	祿
峪	O	獨	徒	奴	餺	蒲	模	卒	徂	O	俗	吾	胡	盧
								菹	初	O	梳			
								阻	楚	O	數			
								祝	畜	辱	疏			
								軸	鉏	O	蜀			
O	O	O	O	O	夫	O	O	O	O	O	O	O	O	O
O	O	O	O	O	府	O	O	O	O	O	O	O	O	O
O	O	O	O	衄	福	O	O	O	O	O	O	育	倏	O
O	O	O	O	O	扶	O	O	O	O	O	O	O	O	O

《等韻圖經》的聲母系統，即圖中的二十二個字母，比起三十六字母已大大簡化。沒有了全濁聲母。又其中輕唇音敷母與非母實無分別；微母亦與零聲母合流，都是虛位。"字母總括歌"中云："非母正唇獨占一，敷微輕唇不立形"。比如，圖中敷母字祇有壘攝第九合口篇的"囲"字（而同圖非母下已有"飛匪沸肥"）和流攝第二十五合口篇的"圐"字（而同圖非母下已有"秠否負桴"）[3]。又微母下祇有臻攝第九合口篇的"圙"字（而同圖影母下已有"溫穩問文"）。另"味""晚""望"等字

亦已列在有關韻圖的影母之下。這表明這些微母字都已變讀爲零聲母。所以敷、微二母在當時的北京話裏實際上已不存在，可能是韻圖作者爲了圖表排列的整齊（即在"幫滂明"下配上"非敷微"）而虛設的。

關於囧母，《凡例》云："復考音義以別剛柔，惟心母脫一柔音，見居（諸）吳楚之方。予以口字添'心'字在內爲母，……於是又立思 腮 洗 性 松 蘇 宣 須八形以爲一百九十六音之領率。"徐氏以爲"審"是剛母、"稔"是柔母，但無論從來源上或音值上看，稔母不是與審母對立的濁音，因而囧母也不可能是心母的濁音。全濁聲母"邪"與"禪"也早已清音化了。所以《等韻圖經》的聲母系統實際上祇有十九個。即：

幫［p］	滂［p'］	明［m］	非［f］
端［t］	透［t'］	泥［n］	來［l］
精［ts］	清［ts'］	心［s］	
照［tʂ］	穿［tʂ'］	審［ʂ］	稔［ʐ］
見［k］	溪［k'］	曉［x］	影［ø］

這比起蘭茂《韻略易通》的"早梅詩"二十個聲母少了一個"無［v］"母。此外，那些還不認同"早梅詩"中的"枝、春、上"已是捲舌聲母的學者[4]，也不否認《等韻圖經》的"照穿審"三母已代表［tʂ］［tʂ'］［ʂ］了。但《等韻圖經》中的"見溪曉"（［k］［k'］［x］）與"精清心"（［ts］［ts'］［s］）兩組聲母尚未在細音前發生分化，即在齊齒與撮口音前舌面化（亦即產生［tɕ］［tɕ'］［ɕ］聲母）。這是不同於現代普通話音系的。

關於《等韻圖經》的韻母系統。它分十三攝一百韻，實有四十三韻母：

序號	攝	開合		韻	韻母
一	通攝	開	口	登 等 贈 能	əŋ iəŋ
		合	口	東 董 動 同	uəŋ yəŋ
二	止攝	開	口	資 子 次 慈	ɿ ʅ ɚ i
		合	口	居 舉 句 局	y
三	祝攝	獨	韻	都 覩 杜 獨	u iu
四	蟹攝	開	口	咍 海 亥 孩	ai iai
		合	口	乖 拐 怪 槐	uai
五	壘攝	開	口	盃 壘 類 雷	ei
		合	口	灰 悔 會 回	uei
六	效攝	開	口	蒿 好 皓 豪	au iau
		合	口	包 保 泡 袍	uau
七	果攝	開	口	訶 可 賀 何	o io
		合	口	多 朵 惰 奪	uo
八	假攝	開	口	他 打 納 拿	a ia
		合	口	誇 把 罵 麻	ua
九	拙攝	開	口	遮 者 哲 宅	ɛ iɛ
		合	口	靴 雪 厥 掘	uɛ yɛ
十	臻攝	開	口	根 艮 恨 痕	ən iən
		合	口	昏 悃 混 渾	uən yən
十一	山攝	開	口	乾 敢 炭 談	an ian
		合	口	湍 疃 篆 團	uan yan
十二	宕攝	開	口	當 黨 碭 唐	aŋ iaŋ
		合	口	光 廣 晃 黃	uaŋ
十三	流攝	開	口	鉤 吼 厚 侯	əu
		合	口	捊 剖 畝 裒	uəu

這一韻母系統既不同於《中原音韻》，也有異於現代普通話的韻母系統。

《等韻圖經》的十三攝不是《切韻指南》十六攝的簡單歸併，而是有分又有合。其通攝開合八韻（即"登等贈能"與"東懂動同"）是《切韻指南》通、曾、梗三攝的合流，亦相當於《中原音韻》的東鍾與庚青兩個韻部。止攝開合八韻（"資子次慈"與"居舉句局"）則來自《切韻指南》止攝及蟹、遇二攝的一部分以及一些古入聲字，包括[ɿ][ʅ][ɚ][i]和[y]五個韻母[5]，相當於《中原音韻》的支思韻部及齊微韻部的一部分和魚模韻部的一部分。祝攝是《切韻指南》遇攝的合口，包括模韻字及魚虞韻的唇音與捲舌聲母字，如"補普母都禿努魯租粗蘇孤枯呼烏"和"夫扶父祝初疏辱"等[6]。蟹攝祇是《切韻指南》蟹攝的一部分字，即一等開口咍、泰韻和二等皆、佳、夬開合韻字，如"該咍哉來孩、皆解戒諧"等；其合口還包括原止攝的少數字如"衰帥"及個別古入聲字如"白"等。壘攝是個新生的攝，由《切韻指南》蟹、止二攝的合口構成，相當於《中原音韻》齊微韻部的一部分。效攝沒有什麼變化，其中合口僅限於唇音字，如"包"。果攝所屬除原《切韻指南》果攝歌戈韻字，還有若干古入聲字，如"桌酌綽若爍角却爵雀削約略"等。假攝中也增加了一些古入聲字，如"達榻納殺檫撒合（哈）拉乏"等字。但原假攝中的三等字則轉到拙攝裏去了。這就是《中原音韻》新生的遮車韻部，《等韻圖經》稱拙攝。拙攝也是個新的韻攝，所屬除了原假攝開口三等字，如"遮車奢姐且些夜"等，還有不少古入聲字，如"革刻德則塞厄黑別勒"等；其合口篇全是古入聲字，如"國百墨或説雪月血劣穴"等。由於收[-m]尾的韻部轉化爲收[-n]韻尾的，《等韻圖經》的臻攝包括了《切韻指南》的臻攝和深攝。其山攝也包括了原山、咸兩攝。其宕攝則包括了原宕、江二攝，這是兩攝主元音的合流。《等韻圖經》的流攝除原有的流攝字外，還有少數古入聲字，如"熟肉"；其合口祇有脣音字，如"桴剖謀否"等。

經過以上分析可以看出，《等韻圖經》的 25 個圖實際祇有 23 圖，共有韻母 47 個，實爲 40 個。與現代普通話韻母系統比較，所不同的祇有兩條：（一）[iai] 尚未演變爲 [ie]；（二）[e] [o] 兩韻母尚未分化出 [ɤ]。此外，《等韻圖經》的韻母系統已無四等的區別，連《中原音韻》裏的 [ɑu] 與 [au] 的區別和 [ɑn] 與 [an] 的區別也沒有了，即都已演變爲開、齊、合、撮四呼的不同了。

《等韻圖經》的聲調系統是平、上、去、如四聲。其"凡例"説："設如聲者，謂如平聲也。"圖中每四字一組，第一平聲即陰平，第二上聲，第三去聲，第四如聲即陽平[7]。如通攝開口"登等贈能"。古入聲字則已派入陰、陽、上、去四聲。其演變規律是：（一）全濁入聲歸如聲，如止攝的（支止至）"直"、（鷄己計）"及"，祝攝的（都覩杜）"獨"，果攝的（多朵惰）"奪"，流攝的（收手受）"熟"等。有些現代不讀陽平的字，《等韻圖經》也作"如聲"，例如止攝的（書暑庶）"術"，拙攝的（〇〇德）"特"。（二）次濁入聲歸去聲，這也和《中原音韻》及今音大致相同，如"密匿玉錄辱育若"等，但也有一些字如"勒（lēi）摸拉"，《中原音韻》歸去聲，而《等韻圖經》與現代普通話一樣已變讀爲陰平。（三）清入聲字已不似《中原音韻》派入平（陽平）、上、去三聲，而與現代普通話一樣派入了平、上、去、如即陰、陽、上、去四聲。其中歸陰平、上聲和如聲的和現代大同小異。如歸入陰平的有"黑北卓"（其中"北"

今讀上聲，"卓"今讀陽平）；歸入上聲的有"尺窄給得"；歸入如聲的有"卒"。但歸入去聲的字則與現代出入頗大。比如《等韻圖經》中歸入去聲的古清入字"必出旭祝足畜渴惡綽酌爵雀角約"等，《中原音韻》都念上聲，而現代有念陰平的（如"出約"），有念陽平的（如"足酌爵"），有念上聲的（如"渴角[8]"）陸志韋先生認爲這種情況正是反映了當時還存在入聲調[9]，我們不同意陸先生的這種看法。

總之，17世紀初產生的《等韻圖經》是漢民族共同語語音系統由近古到現代的一個重要過渡階段。

爲便於比較，這裏簡略地介紹一下現代漢語的語音系統。

關於現代漢語的聲母系統，共有二十一個，即：

唇　　音	b [p]	p [pʻ]	m [m]	f [f]
舌尖中音	d [t]	t [tʻ]	n [n]	l [l]
舌　根　音	g [k]	k [kʻ]	h [x]	
舌　面　音	j [tɕ]	q [tɕʻ]	x [ɕ]	
卷　舌　音	zh [tʂ]	ch [tʂʻ]	sh [ʂ]	r [ʐ]
舌尖前音	z [ts]	c [tsʻ]	s [s]	

這是同學們都很熟悉的，不再做說明了。

關於現代漢語的韻部系統，現代詩韻一般分爲十八部，即：麻、歌、波、齊、支、兒、魚、模、微、皆、哈、豪、侯、寒、痕、唐、東、庚，又可歸納爲十三轍，即：

麻紗（又稱"發花"）、波歌、衣期（包括支、兒、魚三部）、姑蘇、灰堆、乜斜、懷來、遙迢、由求、言前、人辰、江陽、中東。

此外還有個兒韻，單用作 er [ɚ],亦稱捲舌韻母，可附在齊韻部或衣期轍裏。但用作韻尾則附加在別的韻轍之後，形成兒化韻，即與上一字音結合成一個音節，北方民間文藝叫做"小轍兒"。最初立有小言前兒和小人辰兒兩道。小言前兒轍包括言前、麻紗、懷來三轍；小人辰兒轍包括人辰、波歌、乜斜、灰堆和衣期五轍。前者演變爲 [ar]，後者演變爲 [ɚ]。後來進一步研究認爲波歌轍中的波韻母是 [o]，故應獨立出來爲一小轍，叫做小波兒 [or]（如"上坡兒"）。其他各轍也有兒化韻，所以又有小姑兒 [ur]（如"兔兒"）、小遙迢兒 [ɔr]（如"橋兒"）、小由求兒 [ʊr]（如"球兒"）、小江陽兒 [ãr]（如"亮兒"）、小中東兒 [ɚ̃]（如"風兒"）。小轍兒的出現在漢語韻母系統中影響很大，原來不同韻的即韻腹、韻尾不一樣的變爲同韻了。比如兒歌："棗紅馬，白頭心兒，生了一個小馬駒兒。小馬駒兒，灰灰兒，圍着爺爺兜圈子兒。爺爺篩草又拌料，我給小馬駒端豆汁兒。小馬小馬快快長呀，長上一身好力氣兒。拉車種地送公糧，建設祖國新農村兒。"其中韻脚字"心、村"本屬人辰轍，"駒、子、汁、氣"本屬衣期轍，"灰"屬灰堆轍，現在都押入小人辰轍。當然，並不是所有的詞都可以念成兒化韻的，什麼詞可以兒化，什麼詞不可以兒化，要根據語言的習慣來決定。

注釋

[1] 張元善乃彭城伯張麒之後，惠安伯張鑭之子。而張麒則是明初燕王朱棣世子之岳父，即明成祖的親家，曾任京衛指揮使。元善"隆慶四年（1570）僉書後府事，萬曆三十七年（1609）卒"。見《明史·外戚列傳》。

[2] 參看郭力《〈重訂司馬溫公等韻圖經〉研究》，《古漢語研究論稿》，北京語言大學出版社，2003 年。

［3］《廣韻》尤韻：紑，甫鳩切，又匹尤切；秠，匹尤切，又脂韻敷悲切。

［4］如陸志韋先生還認爲是舌葉音［tʃ］［tʃʻ］［ʃ］，或仍有［tʃ］與［tʂ］兩套聲母。

［5］其中開口影母下一等"○爾二而"是［ɚ］韻；三等"衣以義宜"是［i］韻。

［6］但有三字"育、倏、衄"的韻母可能是［ɿ］。

［7］明桑紹良《青郊雜著》（1581）稱陰平、陽平爲"沉平、浮平"；喬中和的《元韻譜》（1611）則叫"上平、下平"；方以智《切韻聲原》（1641）又叫"啌聲、嘡聲"；清馬自援《等音》（1681）又稱"平聲、全聲"。清中葉以後則多稱"陰平、陽平"。

［8］"角"字又讀陽平。

［9］參看陸志韋《記徐孝〈重訂司馬溫公等韻圖經〉》，《陸志韋近代漢語音韻論集》，商務印書館，1988年。

主要參考文獻

唐作藩《普通話語音史話》，語文出版社，2000年。

郭力《〈重訂司馬溫公等韻圖經〉研究》，收入《古漢語研究論稿》，北京語言語言化大學出版社，2003年。

張洵如著，魏建功參校《北平音系十三轍》，中國大辭典編纂處，1937年。

第二節　由近古到現代漢語語音系統的演變

《中原音韻》的語音系統已接近現代漢語，但仍存在明顯的差異。元代以後，再經過四五百年的發展演變，現代漢民族共同語的語音系統才最後形成。明末的《重訂司馬溫公等韻圖經》音系則是從近古到現代的重要過渡。下面從聲母、韻母和聲調三方面來討論。

一、聲母的演變

《中原音韻》有二十五個聲母，到 15 世紀的《韻略易通》的"早梅詩"二十個聲母，少了五個。首先是元代的"知、痴、十"（[tʃ][tʃʻ][ʃ]）和"之、眵、詩"（[tʂ][tʂʻ][ʂ]）兩套聲母，合流爲早梅詩的"枝 [tʂ]、春 [tʂʻ]、上 [ʂ]"，現代漢語的捲舌音已最後形成。其次是"兒 [ʐ]"母和"疑 [ŋ]"母脫落輔音，併入零聲母，早梅詩則用"一"表示。到了明末的《等韻圖經》，則以"照穿審"代表捲舌聲母，知組字也置於"照穿審"母之下。例如止攝第三開口篇"照"母下的例字是"支止至直"，"穿"母下是"蚩齒尺池"，"審"母下是"詩史世時"。此外"稔"母下的例字是"〇疠日茸"[1]。這表明日母字的讀音已由舌葉音 [ʒ] 變爲捲舌音 [ʐ] 了。而"爾二而"等字置於影母下，即與"衣以義宜"都已演變爲零聲母了。

這些事實表明，從近古前期到近古後期，即由《中原音韻》到《等韻圖經》，漢民族共同語的語音系統在聲母方面的重要變化有：第一，捲舌聲母已最後形成。這可能早在 15 世紀就實現了。第二，零聲母字繼續增多。除了原有的影母，中古後期的喻母 [j]（包括喻四、喻三）和近古前期的疑母［ŋ］、微母［v］以及兒母［ʑ］都已逐漸脫落輔音聲母，變爲零聲母。因此，在現代漢語裏，原來讀音不同的字組如"未（微）魏（疑）畏（影）胃（喻三）"、"義毅（疑）意懿（影）易異（喻四）"、"遇御（疑）譽豫（喻四）于芋（喻三）於淤（影）"都分别同音了。

此外，從近古到現代，漢語聲母演變中還有一個突出的現象，這就是 j［tɕ］、欺 q［tɕʻ］、x［ɕ］的產生。這有兩個來源，即見組和精組。見組本包括見、溪、群、曉、匣五母，精組包括精、清、從、心、邪五母。由於全濁聲母清音化，兩組分别僅餘下見［k］溪［kʻ］曉［x］和精［ts］清［tsʻ］心［s］了。本來一爲舌根音，一爲舌尖音，發音部位相差較遠，但是在現代普通話裏，兩組聲母都在同一條件下分化，即各有一部分字由於受舌面前元音［i］或［y］的影響而變爲舌面前輔音［tɕ］［tɕʻ］［ɕ］（舌根音［k］［kʻ］［x］向前演變，舌尖音［ts］［tsʻ］［s］則向後演變），這就是語音學上的同化作用。例如：

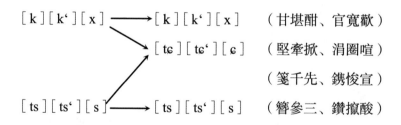

那麽，這種演變分化是什麽時代完成的呢？從我們掌握的資料來看，這一變化是相當晚的。元、明以前北方官話即漢民族共同語的見、精二組聲母，看來尚未分化。所以在《中原音韻》裏，"箋"與"堅"不同音，"將"與"姜"不同音，"趣"與"去"不同音，"須"與"虛"不同音。這種情況十分普遍。直到十六七世紀，一般韻書、韻圖（無論南方、北方）都還沒有反映出它們的這種變化。如 15 世紀的《韻略易通》的《早梅詩》用"見、開、向"和"早、從、雪"，17 世紀初的《等韻圖經》用"見、溪、曉"和"精、清、心"，17 世紀中的《五方元音》則以"金、橋、火"和"剪、鵲、絲"，分別表示〔k〕〔k'〕〔x〕和〔ts〕〔ts'〕〔s〕兩套聲母。意大利傳教士金尼閣（Nicolas Trigault）的《西儒耳目資》（1626）中的"格克""機欺""孤枯""居渠"的聲母都用 k〔k〕、'k〔k'〕表示，而"則測""精清""宗葱""疽趣"都用 ç〔ts〕'ç〔ts'〕表示。這也表明當時北京音仍未分化。但是我們現在可以肯定，這兩組聲母的演變分化也不會晚於 18 世紀中。因為清代無名氏的《圓音正考》[2]已要求人們注意辨別尖團音了。該書"序"云："試取三十六字母審之，隸見溪羣曉匣五母者屬團，隸精清從心邪五母者屬尖，判若涇渭。……爰輯斯篇，凡四十八音，爲字一千六百三十二字，每音各標國書（指滿文），一字於首，團音居前，尖音居後。"所舉例字都是齊、撮兩呼的，如：

團音 ㄎ〔k'i〕：其欺期旗棋起……乞

尖音 ㄑ〔ts'i〕：齊情臍蠐妻………緝

團音 ㄍ〔ki〕：及級彶炱笈………季

尖音 ㄐ〔tsi〕：即聖鯽唧脊………祭

團音 ㄏ〔xi〕：奚蹊谿傒螇喜………系

尖音 ㄙ〔si〕：析晳晰蜥淅洗………細

此書的目的是指導人們分辨尖團音。書前烏扎拉氏文通於道光十年（1830）寫的序言裏談到爲什麼要辨別尖團音。他說："雖博雅名儒、詞林碩士，往往一出口而失其音。惟度曲者尚講之。惜曲韻諸書祇別南北陰陽，亦未專晰尖團。而尖團之音，繙譯家絶不可廢。蓋清文中既有尖團二字，凡遇國名、地名、人名，當還音處，必須詳辨。"既然要求辨析，那就表明當時口語裏已經不分尖團音了。這就是說，見、精兩組聲母已分化出 [tɕ] [tɕʻ] [ɕ] 來了。如果没有分化，就没有必要如此强調尖團音的分別了。稍晚李汝珍的《李氏音鑒》(1810)"凡例"云："北人不分香廂、姜將、羌槍六母；南人不分商桑、章臧、長藏六母。"李氏所謂"北人"，據楊亦鳴研究，就是指當時北京地區的人[3]。這就是說，當時的北京音確已不分尖團了。

但是，問題還有另一面。《圓音正考》的作者既然祇承認由見組分化出來的 [tɕi] [tɕʻi] [ɕi]（團音），而不承認由精組分化出來的 [tɕi] [tɕʻi] [ɕi]，認爲這類字音仍應讀 [tsi] [tsʻi] [si]（尖音）。這也就表明，見組的分化可能比較早，人們已習慣了，而精組的分化還祇是剛開始不久的事。明萬曆年間（1573—1620）葉秉敬著《韻表》，在其"辨韻有粗細圓尖"一條中，亦已透露出見組分化爲粗圓（"庚干觥官"）和細尖（"精堅肩涓"）。而對精組字則未提及。又明末喬中和[4]的《元韻譜》（1611）中"七十二母釋"曾談到"見"字祇能做齊齒呼的聲母，不能做開口呼的聲母。都已反映17世紀時，見組洪細已分化。祇是到19世紀初才正式被承認。天津人華長卿的《韻籟》（著於道光四年至咸豐四年，即1824—1854年間）才建立"角闕雪"（節妾挈）和"各客赫"（國廓或）、"責測瑟"（作錯索）分別表示 [tɕi] [tɕʻi] [ɕi] 和 [ki] [kʻi] [xi] 及 [tsi] [tsʻi] [si] 三套聲母[5]。而其中代表 [tɕi] [tɕʻi] [ɕi] 的"節妾雪"原是精組字。明末太原人傅山在其所著《霜紅龕全集》"咳唾珠玉"之"補遺"中説:"太原人語多不正,最鄙陋惱人。吾少時聽人語,不過百人中一二人耳。今盡爾矣。如'酒爲九''見爲箭'之類,不可勝與之辨。"這説明太原方音亦早已不辨尖團。這是語言的客觀發展,傅山雖不肯承認,但也無法抗拒。

然而北方官話裏能分尖團音的,至今還有不少,如洛陽、青島、石家莊等地方音。京劇裏也仍分尖團,而且很嚴格。這是京劇演員在發音吐字上的一種基本功。

二、韻母的演變

從近古到現代,漢民族共同語的韻母系統發生了以下幾項重要的變化。

1. [-m]韻尾的轉化

從上古到中古,直到近古前期宋元時代,漢民族共同語和各地方言都還普遍地存在着[-m][-n][-ŋ]三種韻尾。如上古三十韻部中的侵、談兩部,中古前期四十三韻部中的侵、談、鹽三部和中古後期三十二韻部中的侵、談、鹽三部以及《中原音韻》的侵尋、監咸、廉纖三部都是收[-m]韻尾的。直到15世紀的《韻略易通》,其二十韻部中的侵尋、緘咸和廉纖仍然是收[-m]韻尾的,而與收[-n]韻尾的真文、寒山、端桓、先全及收[-ŋ]韻尾的東洪、江陽、庚晴鼎足三立[6]。

但是,現代普通話和廣大官話地區大都祇保持收[-n]和收[-ŋ]兩種韻尾了。原來的收[-m]尾的韻已轉化並併入爲收[-n]尾的韻了。這樣,原來有別的字音如"針"與"真"、"金"與"斤"、"擔"與"單"、"談"與"壇"、"兼"與"堅"、"謙"與"遷"、"心"與"新"等等就不分了。

　　那麼，這種普通話和官話地區的［-m］尾韻又是什麼時候發生轉化的呢？歷史上個別方言可能轉化得比較早。如唐末詩人胡曾的《戲妻族語不正》一詩用韻反映了［-m］［-n］相混的情況。詩云："呼十却爲石，喚針將作真。忽然雲雨至，總道是天因。"其中"針"和"天陰"的"陰"字本屬侵韻收［-m］尾，胡曾的妻族方言念同收［-n］尾的真韻字"真、因"了。但不知胡曾的妻族語屬何地方言[7]。

　　宋詞用韻也有所反映。例如張元幹（1091—1161，福建人）的《水調歌頭·雨斷翻驚浪》叶"雲、村、門、坤、春、人、沈、麟"；又史達祖《梅溪詞·杏花天》叶"霰、見、淺、點"。兩首詞中的"沈""點"本收［-m］尾，現與其他收［-n］尾的韻字混押了。元代《中原音韻》的"正語作詞起例"裏也列舉了當時一些方言中［-m］尾韻字和［-n］尾韻字不分的例子，並指出其爲"方言之病"。如：

　　侵尋：針有真　　金有斤　　侵有親　　深有申……
　　監咸：菴有安　　擔有單　　監有間　　三有删……
　　廉纖：詹有氈　　兼有堅　　淹有烟　　纖有先……

　　然而，在漢民族共同語中，［-m］尾韻的轉化在元代也已顯露出端倪。因爲在《中原音韻》裏，我們發現它把《廣韻》凡韻的"凡範犯"等字和侵韻的"品"字分別歸入寒山部（如平聲陽："凡繁煩樊帆礬"同音，去聲"飯販畈範泛範犯"同音）和真文部（如上聲："牝品"同音）了。這些字有個共同的特點，即都是唇音。這就表明，收［-m］尾的唇音字，首先是因異化作用而轉化爲收［-n］尾的。從此開了個頭，其他收〔-m〕尾的字也逐漸類化。這在元曲裏的用詞也有所反映。例如宮天挺《范張雞黍》第三折："我見他皮殼骷髏，面色兒黃乾乾渾消瘦。"其中"黃乾乾"的"乾"屬寒山韻部，收〔-n〕尾。而尚仲賢《三奪槊》第二折："折倒的黃甘甘的容顏，白絲絲地鬢角。"[8]句中"甘"本屬監咸韻部，收〔-m〕尾，現假借爲收〔-n〕尾的"乾"，即其〔kam〕音已變讀爲〔kan〕。而漢民族共同語和官話中的〔-m〕尾韻普遍轉化爲〔-n〕尾韻，大約完成於 16 世紀。明代王荔的《正音捃言》已將〔-m〕尾韻和〔-n〕尾韻兩類字連綴相押，如其九吟第二首："蓮對菊，鳳對麟〔-n〕，麻冕對葛巾〔-n〕。渚清對沙白，霞重對嵐深〔-m〕。荒邸夢，故園心〔-m〕，吹笛對鳴琴〔-m〕。草迎金埒馬，花伴玉樓人〔-n〕。風細窗前橫夏簟，月明門外急秋砧〔-m〕。清夜詞成，煬帝那思玉樹曲；長門獻賦，相如不記白頭吟〔-m〕。"[9]又同時代的徐孝的《重訂司馬溫公等韻圖經》已將深攝併入臻攝、將咸攝併入山攝。稍後的《韻略匯通》和《五方元音》也把《中原音韻》或《韻略易通》的三部收〔-m〕尾韻分別併入收〔-n〕尾的真文、先全、山寒三部或人、天二部。現代漢語則分別併入寒、痕二部[10]。

2. 〔ɤ〕韻的產生

現代漢語的〔ɤ〕韻（亦標作〔ə〕）祇出現在喉牙音（如"歌各科客何曷餓厄"）和舌齒音（如"得特勒則測色遮車奢熱"）之後。它不是來自上古的之〔ə〕韻部，它們沒有歷史聯繫。現代的〔ɤ〕韻主要是從《中原音韻》的歌戈部和遮車部演變來的，另一小部分則來自皆來韻部。歌戈部的主元音是〔o〕，後來逐漸分化，在喉牙音之後受聲母發音的影響，變爲不圓脣的〔ɤ〕；而在脣音與舌齒音之後仍讀〔o〕或〔uo〕。遮車韻部的主元音是[e]，韻母有[ie]和[iue]。後來由於捲舌聲母的產生，其韻母受聲母的影響，韻頭[i]失落，主元音[e]也變爲[ɤ]了。皆來韻部中的主要韻母是[ai]，後來變爲[ɤ]韻的都是原來的入聲字。它們在喉牙音之後變讀爲[ɤ]，如"革客黑"；在齒音之後一般有[ai]和[ɤ]兩讀，如"色澤廁"。此外，皆來韻部中一部分念[iai]韻母的字（如"皆街解介鞋諧蟹"等），後來發生異化，排斥了韻尾[-i]，同時韻頭[i-]也使主元音的部位前移，變讀爲[e]。但[ɤ]韻的産生要比[iai]變讀[ie]的時代早一些。前者不晚於17世紀，因爲趙紹箕的《拙菴韻悟》(1674)已經將格[ɤ]和戈[o]分爲兩部了。金尼閣的《西儒耳目資》(1626)也以用拉丁字母[e]表示"遮車者蛇格革德"的韻母，而"爹且借些"的韻母則寫作[ie]。裕恩《音韻逢源》(1840)亦將這些拙攝開口呼字和果攝開口呼的"歌可個何"等字合併爲其申部開口呼的戈[e]韻，而拙攝合口呼的"國或拙説"等字和果攝合口呼的"多拖左梭"等字則合流爲其申部合口呼的鍋[uə]韻。

至於[iai]韻母變讀[ie]韻的時代可能在18世紀以後，因爲《等韻圖經》的蟹攝還包括[ai][iai][uai]等韻母，即"皆"還念[tɕiai]，"鞋"還念[ɕiai]。直到《圓音正考》(1743)裏"皆"[tɕiai]和"結"[tɕie]還不同音。甚至《音韻逢源》還有[iai]韻母，它將"皆解戒諧"等字同時收入在其西部和巳部，即仍有[ie][iai]兩讀，處于一種過渡階段。但由於聲母已經由[k][kʻ][x]變[tɕ][tɕʻ][ɕ]，爲韻母[iai]演變爲[ie]創造了條件，它的變化也爲時不遠了。

3. [ɚ]韻的出現

現代普通話念捲舌韻母[ɚ]的字不多，常用的祇有"兒而爾耳二貳"等幾個。但兒化韻極爲豐富。"兒"等字原屬中古止攝開口日母字，念 [ȵ] 或 [ȵz]，中古後期變讀爲 [ʒ]。到了元代《中原音韻》裏被收入支思韻部，表明它已讀作 [ʐ̩] 了。那麼它又是在什麼時候脫落了輔音聲母而由 [ʐ̩] 演變爲 [ɚ] 的呢？徐孝的《等韻圖經》已把"爾二而"等字置於止攝第三開口篇影母之下，表明這些字已變讀爲零聲母了。《西儒耳目資》用拉丁字母 ul 來描繪它們，可見 [ɚ] 韻的出現至遲當在十六七世紀之間[11]。李思敬先生曾考察明隆慶、萬曆年間（1567—1619）的《金瓶梅》中出現的大量兒尾詞（如"石橋兒、上坡兒、封門兒、用些兒、小胡同兒"等等），研究了當時北方話中的兒化情況[12]。明代以後的韻書裏，兒韻一般不獨立成部。這可能是由於同韻的字太少，同時在韻文裏允許它與支思韻或齊微韻通押。明末方以智在其《切韻聲原》中説得很清楚："兒在支韻，獨字無和，姑以人誰切，附入支韻。"[13]

兒韻產生後，始終不與任何聲母相結合。它或者自成一音節，或者附在別的韻母之後，形成所謂兒化韻。兒化韻可能與兒韻同時產生的。目前我們能看到的最早記載兒化韻的韻書是趙紹箕的《拙菴韻悟》。此書除了在六"獨韻"中立姑 [u] 和格 [ɤ] 二韻外，又在十四通韻中立有姑兒 [ur] 和閣兒 [ɤr] 二韻。這就爲確立十三轍中的小轍兒開了個頭。現代普通話裏的兒化韻是十分豐富的。這也與漢語詞彙和語法的發展有着十分密切的關係。

4. [y] 韻的產生和四呼的形成

現代普通話的 [y] 韻是從元代魚模韻部分化出來的。在元曲裏，現代讀 [u][y] 韻的字可以通押。如王實甫《西廂記》五本四折"沈醉東風"："不見時準備着千言萬<u>語</u>，得相逢時都變做短嘆長<u>吁</u>。他急攘攘却才來，我羞答答怎生覷。將腹中愁恰待申訴，及至相逢一句也無。則道個先生萬福。"可見《中原音韻》的魚模部的兩個韻母還是[u]和[iu]。但是[y]韻的產生也大概是在《中原音韻》之後不久的事，即不晚於15世紀。因爲《韻略易通》（1442）已將魚模部分爲呼模和居魚兩部。其中呼模部的韻母是[u]，居魚部的韻母就是[y]。雖然這個[y]是由[iu]演變來的，但已起了質的變化。原來[iu]和[u]的主元音相同，所以可以互相押韻。而變爲[y]以後，與[u]的發音部位距離就較遠了：一爲後元音，一爲前元音。結果[y]音反而跟[i]音接近了。所以在現代詩韻中[i]和[y]可以互相押韻。"十三轍"裏的衣期轍就包括[ɿ][ʅ][i]和[y]韻。這個現象在《等韻圖經》裏已形成了。它的止攝開口篇包括[ɿ][ʅ][ɚ]和[i]，合口篇就是[y]韻。[y]韻成爲[i]韻的合口。

　　[y]韻的出現不止是產生一個新韻部的問題。它更重要的意義就是它標志着漢語撮口呼的形成。韻母[iu]演變爲[y]，同時作爲介音的[iu-]也當演變爲[y-]。從此之後，原來是合口三、四等標志的[iu][iu]就合流爲新的撮口呼[y]了。這樣，介音的性質也改變了。結果，漢民族共同語的介音系統也就最後完成了從開合兩呼四等到開齊合撮四呼的演變。下面以山攝影母字爲例（二等開口改用來母字）：

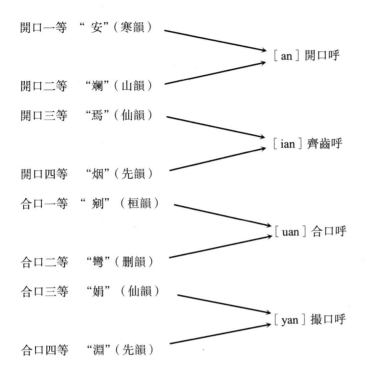

有條件的例外：

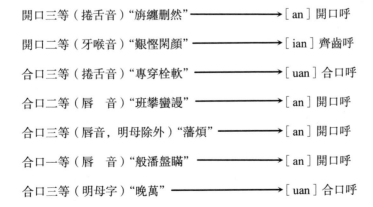

四呼的科學分析和定名大約始於清初樸隱子的《詩詞通韻》(1685) 和潘耒的《類音》(1712)[14]。《詩詞通韻》後附"反切定譜"對四呼發

音的描繪是："開口呼，舒頰引喉，音疏以達"；"合口呼，聚唇開吻，音深以宏"；"齊齒呼，交牙戛齒，音窒以斂"；"撮口呼，斂頤蹙唇，音奄而藏"。《類音》的描述是："凡音皆自內而外。初出於喉，平舌舒唇，謂之開口；舉舌對齒，聲在舌齶之間，謂之齊齒；斂唇而蓄之，聲滿頤輔之間，謂之合口；蹙唇而成聲，謂之撮口"[15]。但四呼的形成則是更早的事實。

綜上所述，現代漢語的韻母系統已在三百年前就形成了。

三、聲調的變化

《中原音韻》之後，漢民族共同語的聲調又有所發展。這主要表現在入聲字的轉化上。例如明末徐孝的《等韻圖經》的聲調分"平上去如"四聲，這與《中原音韻》的四聲"平聲陰、平聲陽、上聲、去聲"調類相同，但古入聲字轉化爲舒聲的情況發生了變化，即由"入派三聲"演變爲"入派四聲"。其中全濁入聲字變讀陽平（如聲），次濁入聲字變讀去聲，基本一致。祇有少數例外，如船母"術"字，《中原音韻》依規律讀陽平，而《等韻圖經》則讀變去聲；又如來母"拉"字，《中原音韻》也是按規律讀去聲，而《等韻圖經》變讀平聲（陰平）；又如群母"撅"字，《中原音韻》依規律讀陽平，而《等韻圖經》變讀陰平。入派陰平是《等韻圖經》所反映的近古後期北京話聲調的新變化。還有清入聲字的歸類，《等韻圖經》與《中原音韻》的出入也較大。《中原音韻》的清入聲字以派入上聲爲主流，而在《等韻圖經》裏則多數派入了去聲，其次是派入陰平和上聲。

《等韻圖經》共收古入聲字 196 個，其中全濁字 51 個，派入如聲（陽平，）47 個、去聲 3 個、陰平 1 個；次濁字 33 個，派入去聲 25 個、陰平 5 個、陽平 1 個；清入字 112 個，派入去聲 72 個、陰平 19 個、上聲 18 個、陽平 3 個。其中清入字的演變也還不穩定，有少數字有兩讀，如"卓、檫"有陰平和去聲兩讀，"啜"有陽平和去聲兩讀，"雪"有上、去兩讀。

再拿《等韻圖經》四聲與現代漢語四聲加以比較，又會發現其間的異同。就清入聲字來說，歸陰平、陽平、上聲三聲者，現代漢語大多繼承《等韻圖經》的讀法，而歸去聲者，今音的讀法有一半以上發生了變化。如"出黑卓"念陰平，"革國足"念陽平，"血雪"念上聲。總的趨勢是念陰平和去聲的愈來愈多，而讀上聲的愈來愈少。還有一些依規律該念陽平的也變讀為陰平。總之北京話裏的古入聲字的讀音還在不斷地變化、調整，所以需要加以規範[16]。

注釋

[1] 《廣韻》上聲海韻："疚，如亥切"；"苬"，《集韻》平聲之韻："人之切"。

[2] 《圓音正考》成書於乾隆癸亥年即 1743 年。參看林慶勳《刻本〈圓音正考〉所反映的音韻現象》，《聲韻學論叢》第三輯，臺灣學生書局，1991 年。

[3] 參看楊亦鳴《〈李氏音鑒〉音系研究》，陝西人民教育出版社，1992 年。

[4] 葉秉敬，衢州西安（今浙江衢州）人；喬中和，內邱（今河北內丘）人。

[5] 參看馮志白《〈韻籟〉作者考辨》，載南開大學《語言研究論叢》第五輯，1988 年。他十部是陰聲韻"支辭、西微、居魚、呼模、皆來、蕭豪、戈何、家麻、遮蛇、幽樓"。

［6］ 參看陸志韋《記蘭茂〈韻略易通〉》，《燕京學報》第三十二期，1947 年。又張玉來《〈韻略易通〉研究》，天津古籍出版社，1999 年。

［7］ 胡曾本人是湖南邵陽人，表明唐末湘楚方言能分辨［-m］［-n］尾，即保存收［-m］的韻尾。現代邵陽方言（屬老湘語）已無收［-m］尾的韻母。參看鮑厚星《湖南邵陽方言音系》，《方言》1989 年第 3 期。

［8］ 又《張天師斷風花雪月・楔子》："你没病，我看着你這嘴臉有些黄甘甘的。"

［9］ 王荔，高陽（今河北保定地區）人，嘉靖年間（1522—1566）舉人。參看唐作藩《〈正音捃言〉的韻母系統》，《中國語文》1980 年第 1 期。

［10］ 參看陸志韋《記畢拱宸〈韻略匯通〉》，《燕京學報》第三十三期，1947 年。又《記〈五方元音〉》，《燕京學報》第三十四期，1948 年。

［11］ 唐虞據《遼史》譯音（如 Uighurs 譯作"畏兀（吾）兒"、Gurkhan 譯作"葛兒罕"等）認爲漢語兒韻早在遼金時代已産生。參看唐虞《"兒"［ɚ］音的演變》，《史語所集刊》第二本第四分，1932 年。

［12］ 見李思敬《從〈金瓶梅〉考察十六世紀中葉北方話中的兒化現象》，《語言學論叢》第十二輯，1984 年。

［13］ 見方以智《通雅》卷五十。

［14］ 此前一些韻書韻圖對"四呼"的稱説不一，如桑紹良《青郊雜著》稱之爲"重科、次重科、輕科、次輕科"；葛中選《泰律篇》名之爲"張口、解口、合口、撮口"；徐孝《等韻圖經》和袁子讓《字學元元》都叫做"上開、下開、上合、下合"；趙紹箕《拙菴韻悟》又叫"開口、啓脣、合口、撮脣"；而《康熙字典》卷首所附《字母切韻要法》則叫做"開口正韻、開口副韻、合口正韻、合口副韻"。

［15］參看王力《〈類音〉研究》,《清華學報》第十卷第三期，1935 年；又收入《王力文集》第 18 卷，山東教育出版社，1991 年。

［16］參看林燾《"入派三聲"補釋》,《語言學論叢》第十七輯，1992 年；又《林燾語言學論文集》,商務印書館，2001 年。

主要參考文獻

邵榮芬《漢語語音史講話》,天津人民出版社，1979 年。

唐作藩《普通話語音史話》,語文出版社，2000 年。

楊耐思《近代漢語-m 的轉化》,《語言學論叢》第七輯，1981 年。

李思敬《漢語"兒"[ɚ]音史研究》,商務印書館，1986 年。

郭 力《〈重訂司馬温公等韻圖經〉研究》,收入《古漢語研究論稿》,北京語言大學出版社，2003 年。

林燾《"入派三聲"補釋》,《語言學論叢》第十七輯,1992 年;《林燾語言學論文集》,商務印書館，2001 年。

第三節　漢語語音系統發展的特點及其基本趨勢

上面各章節已大略地講述了將近三千年來漢語語音系統的發展過程和歷史事實。由於我們的研究還不够深入、全面，也因爲我們這是一門基礎課，教學要求和課時所限，所以不可能做更詳細的分析講解。但是，僅從前邊所談到的一些語言歷史現象中，我們也可以看出，漢語語音系統從上古到現代，確實發生了很大的變化，無論其聲母、韻母和聲調；同時也可以看出，漢語語音系統的發展是有其獨具的特點的。雖然各個歷史時期的語音系統的發展情况都不完全相同，但也有其明顯的共同特性。下面談幾點看法。

第一，首先我們看到，漢語語音系統的發展變化有着非常嚴密的系統性與規律性。自上古歷經中古、近古到現代，漢語語音系統始終具備聲、韻、調三部分要素，儘管各個時期的聲母、韻母和聲調三種要素的數目有多有少，儘管它們的相配關係即結構特點不完全一致，如現代普通話裏的［k］［kʻ］［x］和［ts］［tsʻ］［s］都不能與［i］相拼合，而古代則可以。但它們都富有很強的系統性。例如近古以前漢語裏有一套全濁聲母，而每個全濁聲母都有相應的發音部位相同的清聲母與之相配。其局面是相當整齊的。近古以後北方官話的全濁聲母清音化了，但不是個別聲母發生這種變化，而是整個全濁聲母系統轉化爲相應的清聲母，形成一套新的聲母系統。又如從上古到近古，漢語裏都有陰、陽、入三類韻部，而且按照主元音的異同配搭得十分整齊，如上古的之［ə］：職［ək］：蒸［əŋ］三部相配，脂［ei］：質［et］：真［en］相配，侵［əm］：緝［əp］相配。到了近代和現代普通話裏，入聲韻部消失、轉化了，但是其陰、陽兩類韻部仍具有嚴整的系統性，如 [ei]：[en], [ai]：[an], [au]：[aŋ], [ue]：[əŋ]。聲調方面由上古的平、上、去、長入、短入五聲到中古的平、上、去、入四聲，再到近、現代的陰平、陽平、上聲、去聲四聲，在各自的體系中都是勻稱而和諧的，缺一不可。而各個時期的聲、韻、調系統又是一個有機的完整的歷史統一體，構成各個時期的漢語的物質基礎。

正是由於漢語語音有着高度的系統性，所以在歷史發展中，它就具有嚴整的規律性。例如中古時期的舌音分化和脣音的演變，以及近古時期的全濁音的清化，都是發生系統的變化。例如上古聲母到中古，端母發生了分化，與之發音部位相同的透母、定母同時也在相同的條件下發生了分化。這就是"以類相從"。又如上面講到上古韻部系統時，曾説過"陰陽對轉"是漢語語音系統發展的重要的内部規律之一。這一發展規律也是由漢語語音系統的特性所决定的。因爲語音的結構系統總是和語音的演變規律密切相關聯的[1]。

其次，語音的發展變化都是逐漸進行的，不似社會發展那樣會發生突變。語音有它的漸變性。漢語語音系統的發展也具有這一特性，是漸變，而不是突變。也就是説，一切音變都是向鄰近的發音部位演變，或一步一步向前，或一步一步向後演化；或一步一步高化，或一步一步低化。一般不會越級跳躍。如魚部開口一等韻母，上古音是個 [a]（如"姑圖祖素"），現代普通話讀 [u]。它不是一下子就從 [a] 變讀爲 [u] 的，而由先秦的 [a] 變爲漢代的 [ɑ] 或 [ɒ]，再變爲南北朝的 [o]，到隋唐後才變爲 [u] 的。這種元音舌位由低到高的逐漸高化是漢語語音演變的一種較普遍的規律。如歌部 [ai] → [a] → [o] → [ɤ]；支部 [e]

→［i］。又如中古的皆部［ai］→［e］。

高化到了頂點（即舌尖元音或舌面前元音），還能不能發展？能。這往往是由單元音高化到頭後演變爲複合元音（複韻母）如魚部"圖"字，現代北京話念［tʻu］，上海話念［də］，而蘇州話念［dəu］，廣州話念［tʻou］，長沙話念［təu］。

元音高化是漢語語音演變的一種普遍現象，但也不是完全沒有低化如宵部（開口一等韻母）［o］→［ou］→［ɑu］→［au］（豪）；之部（開口一等韻母）由［ə］→［ɐi］→［ɑi］→［ai］（哈）。

此外，還有央元音前後化，或後元音前化（如中古的哈韻［ɑi］演變爲近現代的［ai］），或前元音後化或央化（如近古的遮車［e］演變爲現代的［ə］）。但都不如元音高化那麼普遍。

第三，語音的發展又是受時間、地點、條件所制約的。例如現代普通話念［tsɿ］［tsʻɿ］［sɿ］的字音都來自中古止攝開口三等支、脂、之三韻精組。它們的韻母在中古末期已合流爲［i］。大約到了12世紀左右，舌面前元音［i］受聲母舌尖前音［ts］［tsʻ］［s］的影響，變爲舌尖元音［ɿ］（如"資玆雌慈斯私"）。後來蟹攝齊、祭兩韻的開口三四等字（"雞妻西祭"）變爲［i］韻母；又緝、質、昔、錫、職等入聲韻的開口三四等字（如"緝集、七悉、積席、績析、即息"）也大都變爲［i］韻母，但它們的精組字却不再變讀爲［tsɿ］［tsʻɿ］［sɿ］，而是與其他韻攝中的［ts］［tsʻ］［s］一樣，聲母受韻母［i］的影響變爲舌面前音［tɕ］［tɕʻ］［ɕ］了。可見條件雖相同，而不同時期有不同的變化。因爲語音的發展變化在不同時期有不同的規律性，即音變規律受時間的條件限制。至於音變規律受地理上的限制，那是更爲明顯的。從古至今歷

第五章 從近古到現代漢語語音系統的發展

代都有各地方音的差異就充分體現了這一點。如現代普通話裏古見、精兩組字在[i][y]前演變爲[tɕ][tɕ'][ɕ]，而在許多方言裏就沒有分化演變，或者有的雖然見組字變了，而精組沒變，仍保持尖團音的分別，如梅州客家方言於"基欺希"讀[ki][k'i][hi]，而於"祭妻西"則念[tsi][ts'i][si]。

語音的演變又都是有條件的。例如從上古到中古舌音的分化，即端組[t]分化爲端[t]、知[t]兩組，條件是二三等韻；又如中古末期的唇音分化是以合口三等韻爲條件；近代見、精二組聲母演變爲[tɕ][tɕ'][ɕ]，僅限於齊、撮兩呼的字，而其他開合兩呼的字則不發生變化。聲母的分化有條件，韻母的分化也不例外。比如近古麻部[a]分化爲家麻[a]和遮車[e]兩部，條件是三等韻演變爲遮車部，而二等韻則爲家麻部。可見語音的發展變化都是在一定條件下進行的。

第四，語音的發展變化又都是有原因的。社會發展推動着語言的發展，因此語言中的語音的發展變化當然受到社會發展的影響。但是社會發展祇是一種外因，它不能決定語音系統的發展方向和道路。

語音系統的變化跟詞彙系統的發展和語法構造的發展有着密切的關係，因爲語言是一個有機的整體。它的內部各種組成部分是互相制約的。例如上古末期即漢魏以後到中古時期，由於詞彙和語法的發展，爲了創造新詞，爲了區別詞義和詞性，而引起了聲調的變化。又如近代輕音和兒化韻的出現也是與新的語法成分和構詞法的發展相適應的。

漢語語音發展的更直接的原因是它內部的聲、韻、調之間的相互影響。這種影響決定了漢語語音的具體變化。例如聲母的分化往往是受到了韻母特別是介音的影響。如上面講到的上古舌音的分化，近代見、精兩組的分化。而聲母的演變又會促使韻母發生變化。例如近現代捲舌聲母的產生使它後面的齊齒呼韻母和撮口呼韻母演變爲開口呼或合口呼。聲母和韻母的發展也會引起聲調的變化，例如入聲韻尾的脫落一般會導致入聲調的消失或轉化；聲母的清濁又會引起聲調的分化。而古代全濁塞音和塞擦音聲母分化爲送氣清音和不送氣清音又是以平仄的不同爲其條件的。這種聲韻調變化之間的互相影響及其結果，就形成了漢語語音系統發展的獨特規律。

語音的發展既是有系統的、有規則的變化，有時也出現不規則的變化。但不規則的變化也是有原因的。就漢語來說，漢字的形體結構就產生過很大的影響。漢字中占大多數的形聲字的諧聲偏旁，在其造字時一般當與被諧字同音，但也有相當大的一部分字不完全同音。例如"壻"與"胥"，中古本不同音[2]："胥"，《廣韻》平聲魚韻，相居切；"壻"，《廣韻》去聲霽韻，蘇計切，與"細"同音。"壻"字在《中原音韻》齊微部，念 [si]，現代漢口、西安、成都等地方音都念 [ɕi]，但普通話及濟南等地都念 [ɕy]。這後一種讀法顯然是受到聲符"胥"的影響。又如"嘶"從"斯"聲，《廣韻》亦不同音："斯"在止攝支韻，息移切，與"厮、澌、倯"，今音同讀 [sɿ]；而"嘶"字本在蟹攝齊韻，先稽切，與"西犀棲"同音，當讀 [ɕi]，今"嘶"字不讀 [ɕi]，而讀 [sɿ]，這也是受到偏旁的影響。 又如"劇"字，《廣韻》入聲陌韻開口三等，奇逆切，現代普通話却不與同小韻的"屐"念 [tɕi]，而讀 [tɕy]，這也是受了聲符"豦"[3]的影響。這就是所謂"習非成是"。方言裏也有類似的情況。如廣州話將"恩"字念同"因"[jɐn]。研究語音史，注意文字形體對讀音的影響，可以幫助我們解釋語音發展規律中一些特殊的變化。

普通話中某些不合規律的例外讀音，還有些是受方音的影響。如"尷尬"［kanka］，不似"監介"讀［tɕian tɕie］，因爲它是從上海話裏吸收來的一個方言詞。又如"搞"［kau］不念［tɕiau］，"貞"［tʂən］不念［tʂəŋ］，"勁"［tɕin］不念［tɕiŋ］，"弄"［noŋ］不念［loŋ］等等，也都可能是受南方方音的影響。

相反，方言的讀音受普通話的影響更多更普遍。方言中的一些與口語相對的"文讀"往往是受了普通話的影響。例如蘇州話於"解放"的"解"，口語裏念［kɐ］，而讀書音念［tɕie］。又如老湘方言於"浮"字，口語裏念［bau］，保持重唇音，而讀書音則念［fu］。

有的複音詞前後音節會互相影響，改變了讀音。例如"親家"的"親"，本爲"七遴切"，讀［tɕ'in］，今受"家"（［ka］⟶［tɕia］）的聲母影響，而念［tɕ'iŋ］。又如"蘋果"的"蘋"和"檳榔"的"檳"，今北京話的讀音，都是韻尾［-n］變爲［-ŋ］韻尾[4]。

以上所講四個方面，是關於漢語語音系統發展的一些特點。下面談談漢語語音發展的一般趨勢。從有文獻記錄的三千多年來漢語語音系統的歷史演變中，我們可以觀察到，漢語語音發展有分化，也有合流；有的時期分化多一些，有的時期合流是主流。但總的基本趨向是一個簡化的過程。比如聲母方面，由上古三十三聲母（暫不計複補音聲母），到中古前期的三十五個、中古後期的三十四個、近古前期的二十五個、近古後期的二十個和現代普通話的二十二個，漢民族共同語的聲母系統的簡化趨勢是顯而易見的。在韻母方面，各個時期的韻部系統雖然有合併，也有分化，特別是中古前期有四十三個韻部比上古（三十部）和近古前期（十九部）都有所增加，但其實際的韻母數目並不一定增多。而且近古以後由於入聲韻和［-m］韻尾韻的逐漸轉化，亦可以清楚地看出，漢民族共同語的韻部、韻母系統也在不斷地簡化。再看聲調方面，上古有平、上、去及長入、短入五聲，中古有平、上、去、入四聲，從近代前期開始，平分陰陽，但入聲消失了。可見，聲調的數目並未增加，實際上也是簡化了。

但是，漢語語音系統的簡化，不僅不意味着漢語的退步或損失，而且這種語音的簡化在整個漢語的發展中，起着積極的作用[5]。因爲語音的簡化跟語法結構的嚴密化和詞彙的豐富化是同時進行的，而且是直接聯繫着的。例如近古以後複音詞的大量產生就使漢語有可能不再依靠複雜的語音系統來辨別詞義；反過來，語音的簡化又會促進複音詞的不斷增加。所以漢語語音系統的這種簡化趨向是有利於語言發展的。同時由於現代漢語語音系統簡化了，更便於實施漢語規範化，更便於方言區的人學習普通話，因此它對促進各地方言向民族共同語集中，促進漢民族共同語的進一步統一是有積極意義的。

注釋

［1］ 參看丁聲樹《談談語音構造和語音演變的規律》，《中國語文》1952 年 7 月創刊號。

［2］ 上古"胥""壻"二字同屬魚部；但中古不同韻，甚至不同韻攝。"壻"字現代作"婿"是後起的。

［3］ "虞"字在《廣韻》去聲御韻，居御切。

［4］ 參看李榮《語音演變規律的例外》，《中國語文》1965 年，第 2 期。

［5］ 印歐語系的語言歷史也表明，它們的語音系統也有同樣的簡化趨勢。如英語 climb, 今讀［klaim］, kring 今讀［riŋ］。

主要參考文獻

丁聲樹《談談語音構造和語音演變的規律》,《中國語文》1952 年 7 月創刊號。

王力《漢語語音史上的條件音變》,《語言研究》1983 年第 1 期,收入《王力文集》第 17 卷。又《漢語語音史》卷下"語音的發展規律",商務印書館,2010 年。

練習七

一、爲什麼說簡化是漢語語音系統發展的基本趨勢?

二、查出下列字在《詩經》音系、《廣韻》、《中原音韻》、《等韻圖經》及現代漢語的聲韻調:

  1. 會當臨絶頂,一覽衆山小

  2. 練習者本人的姓名

三、繪製漢語聲母系統自上古到現代發展圖表(要求有例字,並注明分化條件)。

第二版後記

這本書是在我六十年前講稿的基礎上寫成的。記得 1954 年秋，我作爲助教兼秘書跟隨王力先生從廣州中山大學調到北京大學中文系，分配我的教學任務是擔任新聞專業 54 級三班的寫作實習課，同時兼做王力先生首次開設的漢語史課的輔導，我也是邊學習邊工作。1959 年下學期王力先生被教育部調去主編《古代漢語》教材，於是我接替漢語史的教學工作。我根據擔任輔導的經驗，在爲 57 級同學講授漢語史之前，爲他們開設一門音韻學，作爲漢語史的先行課，同時也開始編寫音韻學和漢語史的講稿。其後又爲 58 級、59 級、60 級的同學試講過漢語史課，每講一次，就對講稿做一些補訂（包括"練習"與參考書）。其後"文革"爆發，所有正常教學工作都停頓了。1969 年我下放到江西南昌郊區鄱陽湖旁的鯉魚洲農場參加勞動，1971 回北京，1972 年又下放到工廠（北京第三機床廠），在毛主席的"復課鬧革命"的號召下，開始爲 72 級的工農兵同學開設一些專業課，但漢語專業的基礎與專業課，一直到 78 年恢復招生考試後，才逐漸全部開設出來。我的漢語語音史講義也逐漸定稿，但一直鎖在書桌裏。直到 20 世紀 90 年代，北京大學出版社出版、印刷我的《音韻學教程》數次後，杜若明編審找我商討出版漢語語音史講義的事。我經過考慮並做了認真的補訂之後，又承蔣紹愚教授審訂了校樣並賜序，於 2012 年出版了《漢語語音史教程》。今日又加以修訂，改正了一些錯誤，增加了一些新的研究成果和個人觀點，並且由北京大學出版按統一設計編入"博雅 21 世紀漢語言專業規劃教材"系列，成此第二版，於是就補寫了這個"後記"，記點拙著的經歷。特在此感謝蔣紹愚教授，感謝杜若明編審，感謝北京大學出版社和責編王鐵軍博士！

唐作藩
2017 年勞動節日

北京大学出版社语言学教材总目

博雅21世纪汉语言专业规划教材：专业基础教材系列

语言学纲要（修订版）　叶蜚声、徐通锵著，王洪君、李娟修订

语言学纲要（修订版）学习指导书　王洪君等编著

现代汉语（第二版）（上）　黄伯荣、李炜主编

现代汉语（第二版）（下）　黄伯荣、李炜主编

现代汉语学习参考　黄伯荣、李炜主编

古代汉语　邵永海主编（即出）

古代汉语阅读文选　邵永海主编（即出）

古代汉语常识　邵永海主编（即出）

博雅21世纪汉语言专业规划教材：专业方向基础教材系列

语音学教程（增订版）　林焘、王理嘉著，王韫佳、王理嘉增订

实验语音学基础教程　孔江平编著

现代汉语词汇学教程　周荐编著

简明实用汉语语法教程（第二版）　马真著

当代语法学教程　熊仲儒著

修辞学教程（修订版）　陈汝东著

汉语方言学基础教程　李小凡、项梦冰编著

语义学教程　叶文曦编著

新编语义学概要（修订版）　伍谦光编著

语用学教程（第二版）　索振羽编著

语言类型学教程　陆丙甫、金立鑫主编

汉语篇章语法教程　方梅编著（即出）

汉语韵律语法教程　冯胜利、王丽娟著（即出）

新编社会语言学概论　祝畹瑾主编

计算语言学教程　詹卫东编著(即出)

音韵学教程(第五版)　唐作藩著

音韵学教程学习指导书　唐作藩、邱克威编著

训诂学教程(第三版)　许威汉著

校勘学教程　管锡华著

文字学教程　喻遂生著

汉字学教程　罗卫东编著(即出)

文化语言学教程　戴昭铭著(即出)

历史句法学教程　董秀芳著(即出)

博雅21世纪汉语言专业规划教材：专题研究教材系列

实验语音学概要(增订版)　鲍怀翘、林茂灿主编

现代汉语词汇(第二版)　符淮青著(即出)

现代汉语语法研究教程(第四版)　陆俭明著

汉语语法专题研究(增订版)　邵敬敏等著

现代实用汉语修辞(修订版)　李庆荣编著

新编语用学概论　何自然、冉永平编著

外国语言学简史　李娟编著(即出)

近代汉语研究概要(修订本)　蒋绍愚著

汉语白话史　徐时仪著

说文解字通论　黄天树著

甲骨文选读　喻遂生编著(即出)

商周金文选读　喻遂生编著(即出)

汉语语音史教程(第二版)　唐作藩著

音韵学讲义　丁邦新著

音韵学答问　丁邦新著

音韵学研究方法导论　耿振生著

博雅西方语言学教材名著系列

语言引论(第八版中译本)　弗罗姆·金等著,王大惟等译(即出)

语音学教程(第七版中译本)　彼得·赖福吉等著,张维佳译(即出)
语音学教程(第七版影印本)　彼得·赖福吉等著
方言学教程(第二版中译本)　J. K. 钱伯斯等著,吴可颖译
构式语法教程(影印本)　马丁·休伯特著
构式语法教程(中译本)　马丁·休伯特著,张国华译